ROSE MARIE DONHAUSER

—

SUPER FOODS

Alles über die exotischen &
heimischen Kraftpakete

südwest

Inhaltsverzeichnis

Super **Essen**

Unsere tägliche Nahrung nimmt großen Einfluss darauf, wie wir uns fühlen – ob fit und energiereich oder müde und eher antriebslos. Natürliche Lebensmittel mit einer hohen Nährstoffdichte, außergewöhnlich vielen Vitaminen sowie wertvollen Inhaltsstoffen helfen, unserem Körper die nötige Grundlage dafür zu geben, gesund zu sein und auch zu bleiben. Nicht umsonst heißt es: »Schönheit kommt von innen«.

Gutes für die Gesundheit

Die Verbraucher definieren sich heutzutage mehr und mehr über Essen, weil sie mehr über ihre eigene Physiologie erfahren und die Nahrung gezielt an ihr individuelles Erbgut anpassen möchten. Unverträglichkeiten, Allergien oder der Wunsch nach natürlicheren und weniger verarbeiteten Lebensmitteln wecken ihr Interesse, weshalb sie Inhaltsstoffe stärker hinterfragen.

Bei diesen schon fast detektivischen Recherchen werden positive Entdeckungen über unsere »Lebens-Mittel« gemacht: Welche Nahrungsmittel helfen uns beispielsweise, den Alterungsprozess zu verlangsamen, welche leisten beim Abnehmen Hilfestellung, was steigert die Konzentrationsfähigkeit und welche Proteinquellen geben unserer Fitness mehr Power?

Happyfood

In diesem Ratgeber gibt es dazu Antworten rund um das Thema Superfood. Wie gute Ernährung – getoppt mit den bekanntesten Stars aus der Superfood-Szene – das Quantum Wohlbefinden und die körperliche Fitness steigern kann. Je mehr »innere Werte« unser tägliches Essen hat, umso mehr profitiert unser Körper und das aktive Leben. Kommen Sie auf den Geschmack mit vielen kreativen Gerichten, Tipps und Wissenswertem in diesem Buch, denn genussreiches Superfood ist letztendlich gesundes Happyfood.

Superfoods

Der Begriff Superfood ist sicherlich ein Modewort, das momentan in aller Munde ist. In sich ist das Wort in seiner Aussage, nämlich »tolles Essen«, schlüssig, dennoch bleibt es im Einzelnen erklärungsbedürftig. Was ist Superfood, was steckt dahinter, welches Essen darf bzw. welche Lebensmittel dürfen sich so nennen, und wie ist der Umgang damit zu erklären?

Bereits Anfang des 19. Jahrhunderts wurde dieser Begriff im Nachschlagewerk »Oxford Dictionary« aufgeführt. Dabei wurden Lebensmittel beschrieben, die positive Auswirkungen auf Wohlbefinden und Gesundheit haben, einer möglichen Prophylaxe gegen Krankheiten Unterstützung bieten und somit mehr als nur als »Food« zu bezeichnen sind.

Gesundheitsbewusst essen

In den USA entwickeln sich viele Ernährungstrends, schwappen als neue Gesundheitswellen über den großen Teich nach Europa und etablieren sich weltweit im Gesundheitsbereich. So auch das Wort »Superfoods«, das seit etwa Anfang des neuen Jahrtausends mehr und mehr auftaucht – zunehmend im Zusammenhang mit Rohkost, grünen Smoothies und

der veganen Ernährungsweise. Lebensmittel werden mehr hinterfragt, nach neuesten wissenschaftlichen Erkenntnissen analysiert und profitieren dann von den teils bahnbrechenden Ergebnissen. Prägend ist dabei der Amerikaner David Wolfe, der als Ernährungsspezialist auf internationalen Bühnen Vorträge über die

CLEAN EATING

Der Begriff Clean Eating – sauberes Essen – fällt sehr häufig in unserer gesunden Ernährungssprache und im Zusammenhang mit dem innovativen Superfood. Gemeint ist damit, dass möglichst natürliche und nicht verarbeitete Lebensmittel gewählt und gegessen werden sollen. In diesem Zusammenhang werden pflanzliche Lebensmittel mit hoher Nährstoffdichte, also Superfoods, empfohlen, die frisch, saisonal und regional sind und in Kombination mit exotischen Superfoods mit hohen ORAC-Werten das Ernährungskonzept von Clean Eating ausmachen.

Nährstoffdichte und den Nährwert von außergewöhnlich wertvollen Lebensmitteln hält. Er hat in seinen Schriften und Büchern das Wort Superfood als Begriffsdefinition, Nahrungsmittel als Heilmittel zu begreifen, international bekannt gemacht. Dabei ist das Schlüsselwort die jeweilige Nährstoffdichte (also das Verhältnis von Nährstoffen zu der Energiemenge in Form von Kalorien) eines Lebensmittels, die zur Bestimmung der Qualität verwendet wird. Rein rechtlich ist der Begriff nicht geschützt, da diese Superfoods aufgrund ihrer vielen Nährstoffe sowie einer teils medizinischen Wirksamkeit, weder ausschließlich als Heilmittel noch als Lebensmittel bezeichnet werden können. Tatsache ist allerdings, dass Superfoods absolut natürlichen Ursprungs sind, keinerlei Zusätzen ausgesetzt oder denaturierten Veränderungen unterzogen werden. Superfoods stammen also nicht etwa als hochgezüchtete Hybridpflanzen aus dem Labor, sondern können als natürliche Nahrungsergänzungsmittel bezeichnet werden.

ORAC – Ein Wert gibt Auskunft

Kann man den Wert von Superfoods messen? Ja – mithilfe von ORAC-Werten. Das ist die Abkürzung für den amerikanischen Begriff »Oxygen Radical Absorbance Capacity«, was frei übersetzt so viel heißt wie Sauerstoff-Radikale-Aufnahmekapazität. Im Jahr 2004 wurde in den USA vom Nationalen Institut für Altersforschung – in Zusammenarbeit mit dem

amerikanischen Landwirtschaftsministerium sowie den Brunswick-Laboratorien – eine wissenschaftliche standardisierte Methode entwickelt, die den Wert der antioxidativen Fähigkeit von Lebensmitteln erfasst. Diese Messungen

Getrocknete Früchte weisen hohe Nährstoffkonzentrationen auf, wie (von oben rechts im Uhrzeigersinn) Goji, Physalis, Açaí, Maulbeere, Maqui und Pitahaya (Drachenfrucht).

ermitteln die Konzentration von Antioxidanzien. Je höher der ermittelte Wert ist, desto mehr freie Radikale kann das Lebensmittel neutralisieren. Die Ermittlung der ORAC-Werte muss man sich dann so vorstellen: In einem Reagenzglas wird durch die Zugabe eines Lebensmittels eine chemische Reaktion erzeugt. Dieser Laborwert beschreibt die chemischen Eigenschaften der Lebensmittel, wobei allerdings noch nicht erwiesen ist, wie der tatsächliche Ablauf im menschlichen Körper stattfindet, denn die tatsächliche Stoffwechselwirkung eines speziellen Lebensmittels ist schwierig zu berechnen, abhängig beispielsweise von Erntezeitpunkt, Herkunft und Sorte. Dafür ist es wichtig zu wissen, in welcher Geschwindigkeit dabei freie Radikale neutralisiert werden. Doch was sind freie Radikale und Antioxidanzien? Sie spielen eine wichtige Rolle in unserer Ernährung.

Unsere Ernährung

Gesund zu bleiben und sich wohlzufühlen, bedarf einer ausgewogenen und nährstoffreichen Ernährung. Von allem etwas, aber von allem nicht zu viel. Ernährungssünden wie zu hoher Konsum von Zucker, Fetten oder denaturiertem Essen wie Fertigmahlzeiten können sich nicht sofort gesundheitlich bemerkbar machen, aber auf die Dauer. Unser Körper verzeiht vieles, aber nicht permanent. Das kann sich durch Zivilisationskrankheiten wie Bluthochdruck, Gewichtszunahme oder im schlimmsten Fall Diabetes ausdrücken. Doch wie die Balance im Leben, in der Ernährung halten? Dazu hat jeder seine

eigene somatische Intelligenz, die signalisiert, welche Nahrungsmittel dem Körper guttun. Die einen sind Mischköstler, andere wiederum ernähren sich vegetarisch oder vegan. Manche haben Unverträglichkeiten und richten sich mit ihrer Ernährungsweise entsprechend danach. Den Grundstock allerdings bietet uns die Natur. Mit Lebensmitteln, die uns helfen, mit ihrer Vollwertigkeit und hohen Nährstoffdichte einen ausgewogenen Speisezettel zu bestücken.

Nahrung ist unser »Brennstoff«

Nahrung muss zwar in erster Linie gut schmecken, doch sie stellt in der Hauptsache den Treibstoff für unseren Körper dar. Damit der Körper alle seine Funktionen ausführen und somit der Stoffwechsel störungsfrei ablaufen kann, die Versorgung der Organe mit Nährstoffen bis in die kleinsten Zellen klappt, das Immunsystem stark bleibt und wir genügend Energie als Brennstoff bekommen, benötigen wir Wasser und Lebensmittel aus dem Tier- und/oder Pflanzenbereich. Die Hauptnährstoffe sind Eiweiß, Fett und Kohlenhydrate mit unterschiedlichen Anteilen an Mineralstoffen, Vitaminen und sekundären Pflanzenstoffen. Wieviel wir an hochwertiger Nahrung brauchen, ist wiederum individuell davon abhängig, welchem Lebensstil, welchen stressigen, körperlichen und beruflichen Herausforderungen sich der Einzelne stellen muss. Ob Lärm, Stress und schlechte Luft in der Stadt oder Ruhe, Beschaulichkeit und Leben auf dem Land. Brauchen wir mehr Nervennahrung, mehr Energie für vielfache Alltagsbelastungen und mehr Kalorien für Ausdauer, Sport und Kopfarbeit? Sicherlich

verfügt unser Körper auch über ein natürliches (Grund-)Abwehrsystem, aber es muss gepflegt und entsprechend gespeist sein.

Antioxidanzien gegen freie Radikale

Unser natürlich angeborenes Abwehrsystem schützt uns grundsätzlich vor freien Radikalen, weil unser Körper auch Antioxidanzien bildet.

So schmeckt Gesundheit: Das frische Grün von Spinat- oder Moringablättern in Kombination mit kalt gepresstem Pflanzenöl, frischem Zitronensaft, Radieschen, Erbsen und Äpfeln – getoppt mit Chiasamen.

Freie Radikale entstehen bei Anwesenheit von Sauerstoff im Stoffwechsel der Zellen als aggressive und unnütze Sauerstoffteilchen, die dann andere Zellbestandteile schädigen können – wir sind ihnen tagtäglich in unterschiedlichsten Zeiten und Situationen ausgesetzt. Die »Antioxidanzien«, die chemischen Verbindungen, die eine nicht erwünschte Oxidation anderer Substanzen gezielt verhindern, sind das Zauberwort schlechthin. Übersetzt heißt das, dass beispielsweise der Verzehr eines Apfels, mit seiner hohen Nährstoffdichte an wertvollen Inhaltsstoffen, freie Radikale unschädlich macht.

Ernähren wir uns gesund, hat der Körper fürs Wohlbefinden ausreichend Antioxidanzien zur Verfügung, um im Gleichgewicht zu sein. Doch in unseren heutigen stressigen Zeiten braucht es noch viel mehr, um den sogenannten oxidativen Stress – der durch körperlichen oder psychischen Stress sowie durch Umweltgifte wie Pestizide oder Abgase, Rauchen, Alkohol, Nebenwirkungen von Medikamenten bis hin an ein Zuviel von »leeren« Kalorien (ohne Nährstoffe) ausgelöst werden kann –, zu bewältigen. Dazu benötigen wir die Wahl der richtigen Lebensmittel. Also eine Nahrung, die uns als unterstützendes Element nicht nur satt macht, sondern auch vom Körper als »natürliches Doping« entsprechend verarbeitet wird. Der Superfood-Spezialist David Wolfe sagte dazu: »Superfoods are both – a food and a medicine«. (Superfoods sind beides – Nahrung und Medizin.) Und genau an diesem Punkt kann man Hippokrates zitieren, der schon vor fast 2500 Jahren sagte: »Eure Nahrung soll Eure Arznei sein.«

ORAC – Nutzen im Alltag

Die zuvor genannten amerikanischen Institutionen haben eine Liste mit über 100 Nahrungsmitteln – von Obst und Gemüse über Nüsse und Samen bis zu Gewürzen – mit aktuellen ORAC-Werten veröffentlicht, anhand dieser auf den Verpackungen von Superfoods oft ein Button mit dem Aufdruck ORAC mit dem dazugehörigen Wert der Messungen steht. Als superhoch werden Werte mit 100.000 und als hoch Werte mit 10.000 ORAC-Einheiten bezeichnet. Dabei hat jede Pflanze ihr individuelles Antioxidanzien-Profil mit entsprechender Wirkung. So steht beispielsweise auf der Verpackung von Maquipulver ein ORAC-Wert von 71.000, bei Moringapulver 60.000 und bei Açaípulver 70.000. Diese Werte beziehen sich auf 100 Gramm antioxidatives Potenzial, um (wie später beschrieben) die Wirkung freier Radikale durch heilende und ausgleichende Nahrung abzubauen, auszugleichen oder vorbeugen zu können.

Unsere Lebensmittel

Die ORAC-Durchschnittswerte von frischen Früchten aus unserer herkömmlichen Ernährung bewegen sich dagegen zwischen 200 und 2500 pro 100 Gramm. Im Prinzip entspricht dies der Empfehlung der Deutschen Gesellschaft

Je bunter unser Früchtekorb bestückt ist, desto vielfältiger wird unser »Motor des Lebens« gespeist.

Superfoods

für Ernährung (DGE), die schon seit Jahren fünf Portionen Obst und Gemüse pro Tag empfiehlt, was letztendlich den in den USA von dem Landwirtschaftsministerium empfohlenen ORAC-Werten von mindestens 3000, ideal über 5000, entspricht. Tatsächlich nehmen aber über 80 Prozent der Amerikaner nur maximal 1000 ORAC-Einheiten täglich auf. Laut durchgeführten Studien konnte nachgewiesen werden, dass die Nahrungsaufnahme mit ORAC-Werten, die der Empfehlung des Ministeriums entsprach, also in Form von Obst und Gemüse mit hohen Testwerten, die antioxidative Kraft ihres Blutes um bis zu 25 Prozent steigern konnte.

TOP TEN

In der Liste der Top 10, der am meisten zu empfehlenden Superfoods, führt David Wolfe, der amerikanische Ernährungsberater, Gojibeeren, Kakao, Macapulver, Honig, Chiasamen, Zimt, Açaíbeeren, Aloe vera, Hanfsamen und Kokosnuss auf. Allesamt »Lebens-Mittel« mit ORAC-Höchstwerten, sowie auch das Maquipulver. Sein Favorit ist dabei die Kakaobohne, über die er sagt, dass die Industrie es geschafft hat, dieses wertvollste und ursprünglichste Lebensmittel der Welt, mit »Toxic Mimics« (giftigen Imitatoren – also mit Zucker und künstlichen Zusatzstoffen) in eines der ungesündesten Lebensmittel zu verwandeln.

Die Kennzeichnung

Was bedeutet ORAC in der Umsetzung? Wir bekommen durch die Auflistung und Kennzeichnung der Lebensmittel mit den wissenschaftlich erforschten Werten zusätzlich genaue Kenntnisse über die Zusammensetzung einzelner Lebensmittel. In der Praxis bedeutet dies, dass wenn ein Lebensmittel außer den Informationen der Nährwerte und Inhaltsstoffe auch noch den Zusatz der ORAC-Werte aufweist, wir uns sicher sein können, dass es sich um ein hochwertiges Produkt mit antioxidativer Wirkung handelt. Übersetzt heißt das, dass freie Radikale durch heilende und ausgleichende Nahrung abgebaut werden können, um die Belastungen durch oxydativen Stress abzubauen, auszugleichen oder ihnen vorzubeugen.

Die Stars der Superfoods

Es gibt eine Liste der Top-Radikalfänger, die alle eines gemeinsam haben: Sie gehören zu den Top-Superfoods mit den höchsten Werten. Auffällig ist dabei, dass getrocknete Superfoods, die in pulverisierter Form angeboten werden, meist die höchsten ORAC-Werte vorweisen. Doch das ist erklärbar, weil einige Lebensmittel wie Açaíbeeren, Macawurzel oder Maquibeeren extrahiert und somit in komprimierter Form angeboten werden. Diese Superfoods werden als Nahrungsergänzungsmittel, in kleinen Portionen tee- oder esslöffelweise, den Speisen beigemischt. Frische Lebensmittel wie Früchte, Gemüse und Salate haben niedrigere ORAC-Werte, allerdings werden diese auch in größeren Mengen bei der täglichen

EXKURS ORTHOREXIA NERVOSA

Bei Orthorexia nervosa gibt es eine gute Nachricht: Es handelt sich um keine Krankheit, sondern um einen eher zwanghaften Umgang mit Essen. Betroffene sind von »gesundem Essen« besessen und fühlen sich mit ungesundem Essen schuldig. Der Begriff Orthorexie setzt sich aus den griechischen Wörtern »orthós« (richtig) und »órexis« (Appetit) zusammen und wurde 1997 von dem amerikanischen Arzt Steven Bratman geprägt. Als behandelnder Arzt für Diätpatienten stellte er fest, dass das Ausprobieren von unzähligen Diäten sowie die Suche nach den besten und gesündesten Lebensmitteln bei vielen Patienten eine krankhafte Störung, eine Art Suchtverhalten, auslöste. Nahrung wird bei Orthorexie in Gut und Böse eingeteilt, der »zwanghafte Esser« ist süchtig nach gesunder Ernährung, lehnt schädliche Lebensmittel ab – um Krankheiten vorzubeugen – und macht daraus im schlimmsten Fall eine Ersatzreligion. Schätzungen zufolge ist in Deutschland etwa 1 Prozent der Bevölkerung davon betroffen. Die Betroffenen sollten wieder lernen, entspannt und genussvoll zu essen, um auch wieder am gesellschaftlichen Leben teilnehmen zu können, etwa um Einladungen zum Essen annehmen zu können.

Nahrungsaufnahme verzehrt, sodass sich letztendlich die ORAC-Werte in der Menge nivellieren – wobei natürliche Frischware in der täglichen Ernährung vorzuziehen ist und die Superfoods als Ergänzung dienen sollten.

Gutes aus Großmutters Garten

Uralt und doch wieder neu: Wiederentdeckte Lebensmittel, erforscht mit den neuesten wissenschaftlichen Erkenntnissen, hieven viele fast vergessene oder nicht beachtete Pflanzen aus Großmutters Gemüsegarten auf das Podest der Superfoods. In den Medien, auf den internationalen Bühnen der sozialen Netzwerke werden Erfahrungen, Empfehlungen, Tipps und Rezepte mit Lebensmitteln aus der ganzen Welt, aber eben auch aus heimischem Anbau, ausgetauscht. Dabei erfährt man Wissenswertes über Wurzeln, Samen, getrocknete Beeren und Säfte, die über eine extrem hohe Nährstoffdichte verfügen und somit als Ergänzung zur ausgewogenen vollwertigen Nahrung, als natürliche Beigabe, noch die extra große Portion Bereicherung beisteuern. Die folgenden Porträts exotischer und heimischer Superfoods mit Rezeptempfehlungen stellen lediglich eine Auswahl dar, denn die Liste kann nie ganz vollständig sein im Hinblick auf die ständig neuen Erkenntnisse auf dem Ernährungssektor.

Pimp your green Smoothie

»Motz deinen grünen Smoothie auf! (Pimp your green Smoothie)«, mit diesem Ausruf soll ein Ruck durch die Bevölkerung gehen: »Tu etwas für deine Gesundheit, nutz den Superfood-Effekt!« Die grüne Kraft der Natur im Mixer, pure Gesundheit trinken und dabei den Darm wie mit einem Besen reinigen – dafür sind grüne Smoothies prädestiniert. Und speziell zur Entgiftung, im sogenannten Detox-Bereich, werden grüne Smoothies empfohlen, denn diese enthalten viele Ballaststoffe und Nährstoffe, die reinigend und wohltuend auf den Magen-Darm-Trakt wirken und zudem reichlich Chlorophyll enthalten, das die Sonnenenergie ohne Verluste weitergeben kann. Zudem bringen Smoothies dem Körper Vitamine, Mineralstoffe sowie die nötigen Rohfasern für eine gute Verdauung, die die Darmwände von Schleim, Bakterien und Ablagerungen befreien.

KONZENTRIERTER SONNENSCHEIN – CHLOROPHYLL

Arzt und Ernährungsreformer Bircher-Benner sprach in Bezug auf Chlorophyll von »konzentriertem Sonnenschein«. Pflanzen erhalten ihre grüne Farbe durch Chlorophyll. Dieser Pflanzenfarbstoff wird in den Blättern als »gebündeltes Sonnenlicht« gebildet und macht die Pflanzen mit all ihren Vitaminen, wertvollen Nährstoffen, gesunden Fettsäuren und Spurenelementen äußerst wertvoll. Je dunkler das Grün einer Pflanze, umso mehr Chlorophyll enthält sie. Diese geballte Pflanzenkraft hilft, körpereigene Entgiftungsenzyme zu aktivieren und zudem freie Radikale zu neutralisieren. Grüne Smoothies mit Kräutern, grünem Blatt- und Salatgemüse sowie Weizengras und der japanische gemahlene Matchatee weisen Chlorophyll in reichlicher Menge auf.

Im Klartext heißt das: Dadurch, dass Gemüse und Früchte so fein püriert sind – im Gegensatz zu dem grobstoffigen/fasrigen Rohzustand – dringen sie noch intensiver in die Darmwände ein. Oft ist der Darm durch ungesunde Ernährung übersäuert. Durch die basische Ernährung mit gesundem Gemüse und Obst »erholt sich der Darm«. Für Smoothies nehme man also grünes Gemüse und reifes Obst, mixe dies in einem Hochleistungsmixer mit Wasser und mische ein ausgewähltes Superfood in homöopathischer Dosis – je nach Geschmack teelöffelweise oder 1 Prise Pulver von Açaíbeere, Matcha, Chiasamen, Kakao über Aroniabeeren bis hin zu Maca – dazu. Dieser extra Powerkick gibt jedem Smoothie noch den extra Wow-Schwung, denn er versorgt den Körper mit wichtigen Antioxidanzien.

Go green mit Noni

Fruchtfleisch von 1 Apfel und 1 Mango, 1 kleine Handvoll gewaschener und geputzter Feldsalat, 50 Gramm entsteinte Datteln und etwa 200 Milliliter Wasser in einem Mixer pürieren und gut aufmixen. Zuletzt 1 bis 2 Esslöffel Noni-Direktsaft untermischen. (Das Porträt zu Noni steht in diesem Buch auf Seite 81.)

Brokkoli-Smoothie

Für 2 Gläser 250 Gramm Brokkoliröschen zerteilen und waschen. 1 reife Banane schälen und klein schneiden. Brokkoli- und Bananenstücke zusammen mit 250 Milliliter veganer Mandelmilch in einem Standmixer cremig pürieren. Nach Belieben 2 bis 3 Eiswürfel mitmixen.

Maca-Avocado

Fruchtfleisch von 1 reifen Avocado und 1 Mango mit 200 Milliliter frisch gepresstem Orangensaft aufmixen. 1 Teelöffel Macapulver untermischen. Sofort genießen. (Maca siehe Seite 72.)

Bleibt eine Avocadohälfte übrig, kann man diese sofort mit Zitronensaft beträufeln, ansonsten färbt sich das Fruchtfleisch unansehnlich dunkel.

Interview

Ärztin Barbara Miller setzt in ihrer Praxis für ganzheitliche Medizin am Koenigsee in Berlin auf die Natur. Mit Naturheilmitteln, Rohkost-Ernährung und Effektiven Mikroorganismen (EM – Der Begriff steht für ca. 80 frei in der Natur vorkommende Mikroorganismen wie Hefen, Fotosynthesebakterien und Milchsäurebakterien), die den Patienten helfen, ihre Gesundheit wiederherzustellen und zu stärken. Denn Körper, Seele und Geist sollten im harmonischen Gleichgewicht zueinander stehen.

FRAGE Frau Miller, Superfoods »sind in aller Munde«. Welche Empfehlungen können Sie für eine gesunde Ernährung geben?

ANTWORT Ich empfehle durchaus Superfoods wie Spirulina und Chlorella zur Ergänzung einer gesunden Ernährung – sie sind wahre Nährstoffbomben. Andere Superfoods wie Ashwagandha und Shilajit (Ayurvedische Heilmittel), Ginseng oder Heilpilze wie Chaga oder Cordyceps, je nach Symptomatik und Befinden des Patienten.

FRAGE Thema Detox. Muss oder soll ein gesunder Körper über die Ernährung entgiftet werden?

ANTWORT Ein gesunder, ausgewogen genährter Körper ohne Mangelzustände und Nährstoffdefizite entgiftet täglich auf niedrigem Level mithilfe der ihm zugeführten Nährstoffe. Sind aber Defizite da, klappt diese Entgiftung nicht. Daher müssen zuerst alle Mangelzustände beseitigt werden, bevor man sich an Detox- oder Reinigungskuren und Fasten heranwagen kann. Diese Kuren kosten viele Nährstoffe, und die Zellen würden, wenn keine Reserven da sind, in noch größere Defizite getrieben. Das alles hilft aber wenig, wenn man nicht gleichzeitig darauf achtet, die Zufuhr an Toxinen drastisch zu reduzieren: Weichmacher aus Kunststoffen, Kosmetika, Pestizide, Herbizide, Lösungsmitteldämpfe, belastete Möbel, Teppiche, Haushaltsreiniger; ich könnte endlos weitermachen …

FRAGE Moderne Begriffe wie Novelfood, Clean Eating, Superfoods – wird hier nicht »Altes« und bereits Gewusstes wie Vollkornernährung wieder neu benannt? Oder sind es die wissenschaftlichen Erkenntnisse, die uns im Bereich Ernährung mehr Wissen bringen?

ANTWORT Tatsächlich passiert hier viel Neues. Das was ich als problematisch sehe, ist, dass neue Erkenntnisse über einzelne Zellprozesse aus dem Zusammenhang herausgenommen werden und einzelne Substanzen mit einer im Labor nachgewiesenen Wirkung in diese Produkte eingebaut werden. Die Natur hat sich aber in Jahrmillionen entwickelt und das Zusammenspiel der einzelnen Wirkstoffe im Organismus ist nicht linear, sondern auf vielen Ebenen mit unzähligen anderen Prozessen verwoben. Hier nur einseitig einzugreifen lässt alle diese hochkomplexen Interaktionen außer Betracht. Die ganzheitliche Medizin versucht hier auf breiter Front dem Körper möglichst all das zu geben, was er für optimales Funktionieren benötigt. Und da scheint sich die gute alte gesunde, vielseitige und abwechslungsreiche Ernährung, angereichert durch einige wenige sinnvolle Nahrungsergänzungsmittel, sehr gut zu bewähren.

FRAGE Antioxidanzien und freie Radikale – diese Begriffe kennt jeder, der sich mit gesunder Ernährung auseinandersetzt. Doch richtig erklären ist schwierig. Können Sie das vielleicht (wie bei der Sendung mit der Maus?), damit man es verstehen kann?

ANTWORT Radikale sind Moleküle oder Strahlung, die Mikroverletzungen in unserem Organismus verursachen. In den meisten Fällen werden Molekülen, den Bestandteilen unserer Zellen, dabei Elektronen entrissen, und die nun unvollständigen Moleküle können ihre Funktion nicht mehr erfüllen oder nehmen nun Eigenschaften an, die für uns schädlich sind. Antioxidanzien sind Moleküle, die über freie Elektronen verfügen und diese bereitwillig abgeben. Entweder »opfern« sie sich, indem sie den Schaden »auffangen«, sodass unsere

Zellen geschont werden, oder sie geben ihre Elektronen an »verletzte« Moleküle ab und »reparieren« sie dadurch.

Die preiswertesten Antioxidanzien ist übrigens die schier endlose Zahl an freien Elektronen an der Erdoberfläche. Haben Sie sich schon mal gewundert, warum es sich so gut anfühlt, barfuß auf einer Wiese oder am Strand zu laufen, im See oder Meer zu baden oder zu duschen? Weil wir uns da förmlich mit diesen freien Elektronen aus der Erde vollsaugen und noch für einige Zeit danach von dieser Wirkung profitieren. Früher, als wir barfuß durch die Wälder rannten, waren wir 24 Stunden am Tag mit der Erde verbunden. Das fehlt uns heute. Leider, muss ich sagen.

Mal wieder kitzliges Gras, Sand, Kiesel, plätscherndes Nass, wohlige Erde oder verästelten Waldboden spüren? In Deutschland gibt es mittlerweile viele »Barfuß-Parks«.

SUPER**FOODS** IM **PORTRÄT**

Der Reichtum der Natur bietet Schätze, die bei uns noch nicht so bekannt sind, in anderen Regionen der Welt aber seit alters her zu einer gesunden Ernährung beitragen. Man könnte auch von Ethno-Food sprechen, denn jedes Lebensmittel, das auf den folgenden Seiten vorgestellt wird, hat in seinem Heimatland einen Platz auf der Speisekarte oder in der Hausapotheke. Und was nicht als Frischware in den Handel kommen kann, wird bei uns tiefgefroren, als Saft, Pulver oder Tablette angeboten.

Açaí

Die Heimat der schwarz-violetten Açaíbeere *(Euterpe oleracea)* ist das Amazonasgebiet in Südamerika. Nur dort können die Vitaminpakete erntefrisch gegessen werden. Da die Beeren sehr schnell verderben, ist ein Export nur im gefrorenen Zustand möglich. Furore machten die kleinen Früchte vor allem in den USA, wo sie bei Herz-Kreislauf-Erkrankungen, Anti-Aging und Gewichtsreduzierung zum Einsatz kommen. Wissenschaftlich gibt es dafür keine Beweise, aber die Vermarktungsindustrie hat Kapseln auf dem Gebiet Schönheit und Abnehmen entwickelt. Fakt ist, dass die Açaíbeeren (gesprochen: Assaí) mit ihrem Gehalt an Antioxidanzien punkten können; sie sind quasi führend in dieser Riege, noch vor den Gojibeeren.

AUSSEHEN Von Panama bis Brasilien, in regelmäßig überfluteten Gebieten, wächst die Palme, die in Deutschland Kohlpalme genannt wird. Auf diesen bis zu 30 Meter hohen und schlanken Palmen (Açaízeiro) wachsen Palmenherzen und die 1 bis 2 Zentimeter großen Açaíbeeren, welche aus fast 90 Prozent Kern bestehen und somit nur die Haut essbar ist. Die erntefrischen Beeren werden entkernt, püriert, pasteurisiert, auf minus 15 °C gekühlt und abgepackt. Oder direkt getrocknet und pulverisiert. Laut Herstellern bleiben durch die Behandlung etwa 95 Prozent der Nährstoffe erhalten. Der Geschmack dieser exotischen Beeren ist leicht säuerlich, etwas süßlich und erdig.

INHALTSSTOFFE Der Grund, warum die Açaíbeere als Schlankheitsmittel und Appetitzügler beworben wird,

mag dem hohen Anteil von über 40 Prozent Ballaststoffen zu verdanken sein. Diese bewirken eine schnelle Sättigung, kurbeln den Stoffwechsel an und fördern die Verdauung. Zusätzlich kann die Wunderbeere Omega-3- und Omega-9-Fettsäuren vorweisen, die als Herzschützer gelten und insgesamt einen positiven Einfluss auf das kardiovaskuläre

TIPPS ZUM SÜSSEN

Wer einen kleinen Kick Süßes zu den leicht säuerlichen Açaíbeeren braucht, sollte anstatt Haushaltszucker etwas Agavendicksaft oder Honig verwenden. Auch geraspelte Kokosnuss oder klein geschnittene Datteln sind zum Süßen empfehlenswert.

System haben. Dazu gesellen sich Magnesium, Zink, Kupfer und Kalium, die als Mineral- und Spurenelemente viele Funktionen erfüllen. Doch der wichtigste Grund für den Verzehr von Açaíbeeren sind die Anthocyane, sogenannte Antioxidanzien. Diese sekundären Pflanzenstoffe sind für die schwarz-violette, dunkelrote bis schwarze Farbe der Beere zuständig und gelten als Radikalfänger, die reaktive Verbindungen im Organismus abfangen. Die Anthocyane wirken entzündungshemmend, das Immunsystem wird stimuliert und die Zellen werden geschützt. Somit wird das Herz-Kreislauf-System gestärkt, die Sehkraft unterstützt und der Alterungsprozess verlangsamt. Natürlich trägt auch die hohe Dichte an Vitaminen wie Vitamin C, B, D und E in Verbindung mit den Mineralstoffen zum Erfolg dieser Superbeere bei.

VERWENDUNG In Deutschland sind Açaíbeeren tiefgefroren als Püree, aber auch als Saft oder als Pulver erhältlich, wobei man darauf achten sollte, dass es sich um biologische reine Produkte ohne Zusätze handelt. Diese Produkte können einfach als hochwertiges Nahrungsergänzungsmittel in Müsli, Smoothies oder in Joghurt gemischt werden. In Drogeriemärkten werden auch Açaíprodukte in Form von Kapseln und Tabletten angeboten.

REZEPT: AÇAÍ-BOWL Das brasilianische Rezept der Açaí-Bowl (pürierte Açaíbeeren und Bananen, gesüßt mit

Guaraná-Sirup) wurde in den USA als Superfood-Speise mit zuckerfreien Cerealien bereichert. Dieses Grundrezept kann mit Nüssen, Samen und frischen Früchten, wie süße Kirschen, erweitert werden. Als Topping Bio-Kakao-Nibs, Chia- und Hanfsamen wählen.

Speziell die sekundären Pflanzenstoffe in den Açaíbeeren sind als »Herz-(Be)Schützer« bekannt. Der gesundheitsfördernde Effekt lässt sich gut schmecken.

Açaí-Mango mit Joghurt

FÜR 2 PORTIONEN

einige frische
Zitronenmelisseblättchen
1 Flugmango
250 g Naturjoghurt (oder
Sojajoghurt)
50 g Açaíbeerenpüree (TK)
1–2 EL Mandelblättchen

ZUBEREITUNGSZEIT: 10 Min.

1 Die Zitronenmelisse waschen und in Streifen schneiden oder hacken. Die Mango schälen und das Fruchtfleisch in kleine Würfel schneiden.

2 Den Joghurt mit Açaíbeerenpüree verrühren und die Mangowürfel unterziehen. In Portionsschalen verteilen und mit Zitronenmelisse sowie mit Mandelblättchen bestreuen.

TIPP Anstatt tiefgekühlten Açaíbeerenpürees den Joghurt mit 3 bis 4 Esslöffel Açaísaft verrühren und zusätzlich nach Belieben erntefrische Himbeeren oder Brombeeren untermischen.

Açaí-Smoothie

FÜR 2 PORTIONEN

80–100 g Babyspinatblätter
1 reife süße Banane
100 g Açaíbeerenpüree (TK)
200 ml Mandelmilch (vegan)

ZUBEREITUNGSZEIT: 10 Min.

1 Die Spinatblätter waschen und etwas kleiner zupfen. Die Banane schälen und in Scheibchen schneiden.

2 Die vorbereiteten Zutaten mit Açaíbeerenpüree und Mandelmilch in einen Mixer geben, langsam starten und kräftig aufmixen. In Gläser füllen und genießen.

TIPP Frische kleine süße Erdbeeren, Himbeeren oder Blaubeeren auf lange Holzspieße stecken und die Gläser damit garnieren.

FÜR 2 PORTIONEN

1 süße Birne
1 reife Banane
50 g Wildkräutermischung
1 TL Açaípulver

ZUBEREITUNGSZEIT: 10 Min.

Wildkräuter mit Açaí

1 Die Birne putzen, die Banane schälen und beides in grobe Stücke schneiden. Mit der Wildkräutermischung und etwa 250 Milliliter Wasser pürieren, kräftig aufmixen.

2 Das Açaípulver unter den Smoothie rühren und diesen sofort genießen.

Algen

Die asiatische Küche hat uns dieses würzig-salzige Lebensmittel durch Sushi nahegebracht. Die nährstoffreichen Meerespflanzen eignen sich im frischen Zustand zum Braten, Dämpfen, Backen, Aufbrühen von Tee und im getrockneten Zustand als Snack. Zudem dienen sie der Herstellung von Agar-Agar, einem pflanzlichen Geliermittel, dem Verdickungsmittel Carrageen und von Kosmetika und Nahrungsergänzungsmitteln. Algen bestehen zu über 90 Prozent aus Wasser. Ihr hoher Jodgehalt ist für Menschen mit Schilddrüsenüberfunktion nicht zu empfehlen. Von den 40.000 Algenarten kennen wir als Lebensmittel: Braunalgen (Wakame, Meeresspaghetti, Kombu), Rotalgen (Nori, Dulse), Grünalgen (Meersalat), Blaualgen (Spirulina).

AUSSEHEN Algen wachsen im Meer, bewegen sich im Wasser wie Seegras, sehen je nach Sorte wie schwebende hellgrüne bis dunkelgrüne oder auch braune Salatblätter aus und werden als »Meeresgemüse« angeboten. Algen, ob in Mikroformat oder in riesigen Größen und Längen, ernähren sich ausschließlich von anorganischen Stoffen und Sonnenlicht. Sie vermehren sich mithilfe von Wasser, Licht, Kohlendioxid und Mineralsalzen und synthetisieren dabei eine große Anzahl komplexer Farbstoffe, ungesättigter Fettsäuren sowie Kohlenhydrate. Dabei gibt es essbare Algen, wie die Mikroalge Chlorella, die besonders viel Licht und damit Chlorophyll speichert.

INHALTSSTOFFE Der Hype um das Superfood Alge wurde von der rasant wachsenden Veganer-Gemeinde gefördert. Algen sind nicht jedermanns Geschmack, da sie sowohl im frischen, als auch im getrockneten (dann eingeweichten) Zustand eben nach Meerwasser und leicht nach Fisch schmecken. Somit bestimmt die Dosis ihre Akzeptanz, weshalb Algen meist als Zusatz, löffelweise oder in Form von einer kleinen Handvoll bei uns zum Einsatz kommen. Algen können Antioxidanzien anreichern, die sie selbst herstellen, im Gegenzug können sie auch Gifte aufnehmen. Das heißt, Algen gelten in der Superfood-Szene als »Entgiftungs-Feuerwehr« und helfen beim Ausleiten von ernährungsbedingten Schwermetallen. Im Umkehrschluss ist es immens wichtig, dass die Algen, die wir zum Verzehr vorsehen, von Zuchtfarmen stammen, die rückstandskontrollierte Qualität anbieten.

VERWENDUNG Als Superfood sind die beiden Mikroalgen Spirulina und Chlorella bekannt geworden.

SPIRULINA Speziell in der veganen Ernährung wird die Blaualge Spirulina eingesetzt, da diese das verwertbare Vitamin B12 enthält, das normalerweise nur in tierischen Produkten vorkommt. Spirulina wird als Pulver, in Tablettenform oder als Pressling angeboten. Die Einnahme sollte morgens erfolgen, entweder zum oder im Smoothie oder in Wasser eingerührt, denn die Power-Alge gibt mit etwa 70 Prozent Eiweiß, einer hohen Konzentration an Beta-Carotin und allen essenziellen Aminosäuren Kraft und Elan für den ganzen Tag.

CHLORELLA Die Grünalge Chlorella wird in Tablettenform, als Pressling oder als Pulver angeboten. Sie gilt als die Alge mit dem höchsten Chlorophyll-Anteil, und je mehr Chlorophyll ein Lebensmittel enthält, desto höher ist der gesundheitliche Nutzen, etwa in Form von Immunstärkung, schnellerer Regenerierung und als wirksamer Radikalfänger.

KELP Braunalgen sind auch als Kelpamare oder Kombu bekannt. Als Meeresgemüse in der veganen Küche beliebt, da es natürliches Jod, viel Eisen, Kalzium und Magnesium liefert. Sehr fein ist wilder Kelp (Ascophyllum nodosum) von bis zu 10 Meter Länge, der im Atlantik an der französischen Küste wächst. Man kann ihn frisch und gesalzen im gut sortierten Fischhandel kaufen. Alternativ getrockneten Kombu aus Japan verwenden. Als Superfood wird es als mineralstoffreiches Kelppulver angeboten. Dazu werden die Algen bei niedrigen Temperaturen getrocknet und zu Pulver vermahlen.

ALGEN AN FASSADEN

Auf dem EUREF-Campus in Berlin-Schöneberg wachsen seit November 2015 Algen, montiert an Außenfassaden. Es ist die weltweit erste tubuläre Algenanlage im urbanen Raum. Der Photobioreaktor produziert Mikroalgen wie *Chlorella vulgaris*, andere Sorten werden folgen. Es ist der Start für eine größere Produktion, die zur Herstellung von Nahrungsmitteln, Kosmetik- und Pharmaartikeln sowie als Biokraftstoff Verwendung findet. Geschäftsführer Dr. Henning Heppner von der Firma Palmetto erklärt die Vorteile von Mikroalgen in der Nahrungsproduktion: »Die Biomasseproduktivität unserer Algen ist im Vergleich zu Landpflanzen 5- bis 10-mal höher, und wir können genau kontrollieren, was drin ist. Algen sind Energiespeicher, voll mit Enzymen, Proteinen, Fettsäuren, Aminosäuren, Vitaminen und Farbstoffen, sie enthalten u. a. auch hohe Mengen an Omega-3-Fettsäuren. Abgesehen von unserem eigenen Algen-Farming, ist es unser Ziel, in Zukunft Restaurants mit Algenanlagen für den eigenen Verbrauch auszustatten. Der Gast soll sehen, wie das grüne Gold wächst und was kulinarisch daraus entsteht.«

Kelppulver ist empfehlenswert als »Gewürz« in Salatdressings oder als Beigabe in Smoothies. Auf Bio-Qualität achten.

Sauerkrautröllchen mit Nori

FÜR 2 PORTIONEN

250 g rohes Sauerkraut
½ kleines Bund Koriandergrün
100 g gekeimte Dinkelkörner
grob geschroteter Pfeffer
¼ TL Currypulver
2 Noriblätter (Rotalgen)
2 EL Sahnemeerrettich
(oder 1 TL Wasabi)
100 g dünne Räucherlachs-
scheiben (oder Salatgurke)

Außerdem
Ahornsirup

ZUBEREITUNGSZEIT: 30 Min.

1 Sauerkraut ausdrücken, etwas hacken und zwischen Küchenpapier weitere Feuchtigkeit auspressen. Koriandergrün waschen und die Blättchen fein hacken. Beides mit dem Dinkel mischen. Mit Pfeffer und Curry würzen.

2 Eine Bambusmatte mit Klarsichtfolie belegen. Ein Noriblatt auflegen und mit Sahnemeerrettich oder Wasabi bestreichen. Die Hälfte der Sauerkrautmischung darauf verteilen. Räucherlachs in dünne Streifen schneiden und davon die Hälfte quer der Länge nach mittig platzieren.

3 Mithilfe der Matte das Noriblatt fest aufrollen. Blattenden mit angefeuchteten Fingern verschließen. Bei dem zweiten Noriblatt ebenso verfahren. Jede Sauerkrautrolle quer halbieren, jede Hälfte wiederum quer halbieren und so weiter, bis gleichmäßig kleine Röllchen fertig sind. Nach Belieben in Ahornsirup dippen.

Salat mit Meeresspaghetti

FÜR 2 PORTIONEN

100 g getrocknete Meeres-
spaghetti (Braunalgen)
Saft von ½ Bio-Zitrone
150 g Babyspinat
1 kleine Zucchini, 2 Möhren
3–4 EL Walnussöl
2 EL Olivenöl
1 Prise gemahlener Kurkuma
Salz, frisch gemahlener Pfeffer

ZUBEREITUNGSZEIT: 30 Min.

1 Die Meeresspaghetti mit Zitronensaft beträufeln, mit kaltem Wasser begießen und etwa 30 Minuten einweichen lassen.

2 In der Zwischenzeit den Babyspinat verlesen, waschen und trockenschwenken. Zucchini und Möhren waschen, putzen und mit einem Sparschäler lange Streifen wie Spaghetti abziehen.

3 Das Gemüse mit Walnussöl, Olivenöl und Gewürzen in einer Schüssel vermengen. Die eingeweichten Meeresspaghetti in einem Sieb waschen, abtropfen lassen und unter den Salat mischen.

Aloe vera

Wer kennt sie nicht, diese Wüstenlilie, die mit ihrem kühlenden Gel einen Sonnenbrand erträglich machen kann. Dazu wird ein frisches dickes Blatt genommen, durchgebrochen, und aus dem Inneren quillt das farblose Gel, welches aufgetragen wird. Auch für die Haut-, Haar- und Zahnpflege generell ist diese Pflanze von jeher als Zusatz in Pflegeprodukten bekannt. Mittlerweile hat sie als geballte Pflanzenkraft ihren Weg zur innerlichen Anwendung gefunden, als Saft, im Smoothie oder als Fertiggetränk mit Aloe-vera-Zusatz. Alles in der Mission Gesundheit, denn im Bereich Nahrungsergänzung werden ihr so viele positive Eigenschaften zugesprochen, dass sie in den Rang der Superfoods aufgestiegen ist.

AUSSEHEN Die Echte Aloe vera ist eine Pflanze aus der Gattung der Aloen und stammt aus den subtropischen Wüstenregionen Asiens, Lateinamerikas und Afrikas. Sie ist robust, kann ihre Nährstoffe selbst bilden und das Wasser, das sie bei Dürre zum Überleben braucht, speichern. Zugehörig zu den Liliengewächsen, gedeiht sie ohne Stamm in langen, festen Blättern, die mit einer Wachsschicht überzogen sind. Es gibt etwa 300 Pflanzenarten, wovon nur zwei mit den heilenden Inhaltsstoffen ausgestattet sind: Die *Aloe vera barbadensis Miller* und die *Aloe vera arborescens*.

INHALTSSTOFFE Die Apotheke der Natur hält in der Aloe-vera-Pflanze über 160 Inhaltsstoffe bereit, wie Mineralstoffe, Enzyme, Aminosäuren, essenzielle Fettsäuren und die 13 verschiedenen Vitamine. Sie wirkt antibakteriell, blutreinigend und unterstützt das Immunsystem.

VERWENDUNG Ein »Arzt im Topf«, so wird die Pflanze genannt, weil man sie im Topf zu Hause problemlos haben kann, schnell ein Blatt abschneiden und das Gel zur Linderung von einem Insektenstich verwenden kann. Zudem wird das frische Blatt klein geschnitten und beispielsweise im Smoothie mitpüriert. Zu beachten gilt, dass man nicht zu weit an den Blattrand schneiden soll, da unter der Blattrinde das bitter schmeckende Harz (Aloin) sitzt, welches eine abführende Wirkung besitzt. Dazu eine Pflanze aus dem Bio-Anbau besorgen. Einzelne Blätter können auch frisch gekauft werden. Aloe vera gibt es auch als naturbelassenen Frischsaft, der mit anderen Säften vermischt oder einem Smoothie beigemixt werden kann.

Frucht-**Smoothie** Aloe

1 Das Aloe-vera-Blatt halbieren und das Fruchtgel herauslösen. Die Kiwis schälen und klein schneiden. Die Banane
schälen und in Scheibchen schneiden.

2 Alle Zutaten mit dem Saft in einen Mixer geben. Langsam
starten und bei Höchststufe alles cremig pürieren.

TIPP Nach Belieben mit etwas Ahornsirup süßen.

FÜR ETWA 500 ML

1 kleines Aloe-vera-Blatt
2 Kiwis
1 Banane
Saft von 2 Orangen

ZUBEREITUNGSZEIT: 10 Min.

Aloe-
Joghurt

FÜR 2 PORTIONEN
250 g Buttermilch
250 g Naturjoghurt
2 EL Aloe-vera-Trinkgel
ZUBEREITUNGSZEIT: 10 Min.

Die Buttermilch und den
Joghurt mit dem Aloe-vera-
Trinkgel verrühren. In
Gläser füllen und nach
Wunsch mit weiteren
Zutaten vermengen.

TIPP Noch mehr Pepp
bekommt der Joghurt, wenn man
100 Gramm entsteinte und klein
geschnittene Datteln unterrührt
und ihn mit 2 Esslöffeln
Kakao-Nibs bestreut.

29

Aronia

Die dunkel-violette eher schon schwarze Aroniabeere *(Aronia melanocarpa),* auch Schwarze Apfelbeere genannt, stammt aus Nordamerika und wird seit jeher als Heilpflanze geschätzt. Seit etwa 100 Jahren ist sie auch in Mittel- und Osteuropa bekannt und wird in Deutschland großflächig angebaut. Diese heimische Superfrucht ist reich an sekundären Pflanzenstoffen, die antioxidativ im Organismus wirken können. Antioxidanzien sind hervorragende natürliche Zellschützer, da sie freie Radikale binden und neutralisieren. Bei den unterschiedlichsten Beschwerden kann die Kraft der Aronia vorbeugend und therapeutisch wirken. Das wurde in zahlreichen Studien nachgewiesen. Die Inhaltsstoffe und deren Wirkweise sind von großem medizinischem und ernährungswissenschaftlichem Interesse.

AUSSEHEN Aroniapflanzen gehören zur Familie der Rosengewächse. Die kleinen Beeren, die auf Sträuchern von bis zu zwei Meter Höhe wachsen und etwa erbsengroß sind, können auch wachsartig überzogen sein. Sie werden ab Mitte August bis in den Oktober hinein geerntet. Der Geschmack ist säuerlich-süß mit leichten Bitternoten. Sie können frisch verwendet werden, aber möglichst in Verbindung mit einer harmonischen Gegensüße wie Bananen, aufgemixt in Smoothies mit anderen Früchten und Süßungsmitteln wie Birkensüß, Honig oder Ahornsirup.

INHALTSSTOFFE In der Aroniafrucht stecken viele wertvolle Inhaltsstoffe, wie Vitamin C, K und Folsäure, sowie Mineralien, Spurenelemente und insbesondere natürliche Pflanzenfarbstoffe, wie Polyphenole.

Diese sind bekannt für ihre antioxidativen und zellschützenden Eigenschaften. Auch wegen ihrer kräftigen roten Saftfarbe wird sie als natürliche Lebensmittelfarbe (Cochenillerot A) verwendet. Die Aroniabeere ist nicht zuletzt zum Star der Superfoods geworden, weil in keinem anderen Lebensmittel mehr farbgebende Anthocyane nachgewiesen sind. Sie sind kraftvolle Antioxidanzien der Natur.

VERWENDUNG Frische Aroniabeeren direkt erntefrisch als Topping im Müsli, als Zutat für Desserts, Kompotte, auch in Muffins mitbacken oder in einem Smoothie verarbeiten. Sollte die Ernte aus dem eigenen Garten zu groß sein, die frischen Beeren waschen und portionsweise im Gefrierbeutel für den Winterbedarf einfrieren. Sie halten sich im Tiefkühlfach bis zu 3 Monaten.

Hallo-Wach-Aronia-Smoothie

1 Bananen schälen und in Scheiben schneiden. Birne waschen, nicht schälen, entkernen und klein schneiden.

2 Obst mit Aroniasaft und 100 Milliliter Wasser in einen Mixer geben, langsam starten und kräftig aufmixen.

TIPP Anstatt Wasser vegane Reis- oder Mandelmilch, Sojajoghurt oder normale Milch verwenden. Man kann auch seinen persönlich bevorzugten Smoothie einfach mit 1 Teelöffel Bio-Aroniapulver mixen.

FÜR ETWA 500 ML

2 kleine, reife Bananen
1 süße Birne (z. B. Williams)
150 ml Aroniadirektsaft

ZUBEREITUNGSZEIT: 10 Min.

Getrocknete Aroniabeeren finden wie Rosinen Verwendung – einfach aufs Müsli streuen, in Pfannkuchen (Eierkuchen) mitbacken oder als gesunde Nascherei genießen.
Bei Aroniasaft ist darauf zu achten, dass es 100-prozentiger Bio-Direktsaft ist.
Im Angebot ist auch Aroniabeerenpulver, welches aus getrockneten Schalen und Kernen besteht. Dieses Pulver kann teelöffelweise einem Smoothie beigemischt oder über ein Müsli gestreut werden. Es gibt auch Aroniapulver-Mischungen, etwa Kakao, Hanfprotein und Maca. Das Bio-Mischpulver schmeckt in (Mandel-) Milch gerührt, in Joghurt oder auch püriert im Smoothie sowie im Früchte- oder Getreidebrei.

Die größten Strauchflächen von Aroniabeeren befinden sich in Sachsen und Brandenburg. Aktuell gibt es in Deutschland über 200 Hektar Aronia-Anbauflächen.

Rohkost mit **Aronia-Linsen-Dip**

FÜR 2 PORTIONEN

150 g rote Linsen
400 ml Gemüsebrühe (Instant)
40 g getrocknete Aroniabeeren
Saft von 1 Orange
(oder 100 ml Orangensaft)
3–4 Stängel Petersilie
2 EL Olivenöl
Salz
schwarzer Pfeffer aus der Mühle
½ TL Kreuzkümmel
Cayennepfeffer
Gemüse zum Dippen
(Möhren, Staudensellerie,
Paprikaschoten)

ZUBEREITUNGSZEIT: 30 Min.

1 Die Linsen in einem Sieb waschen, abtropfen lassen und in einem Topf mit Gemüsebrühe aufkochen. Die Hitze reduzieren und die Linsen in etwa 10 Minuten weich garen.

2 Die Aroniabeeren klein schneiden, mit Orangensaft beträufeln und quellen lassen. Petersilie waschen, trockenschütteln, die Blättchen abzupfen und fein hacken.

3 Die Linsen in ein Sieb abgießen und anschließend mit Olivenöl mit einem Stabmixer pürieren. Mit Salz, Pfeffer, Kreuzkümmel und Cayennepfeffer würzen. Petersilie und Orangen-Aroniabeeren unterrühren. Nochmals abschmecken und in Portionsschalen füllen.

4 Das Gemüse waschen und putzen. Die Möhren schälen und in handliche Stäbe schneiden. Den Staudensellerie in 4 bis 6 Zentimeter lange Stäbe und die Paprikaschoten passend dazu schneiden. Die einzelnen Gemüsearten separat anrichten oder in die Dipschälchen legen.

Aronia-Orangen-**Quark**

FÜR 2 PORTIONEN

2 EL getrocknete Aroniabeeren
100 ml Bio-Aronia-Direktsaft
1 große saftige Bio-Orange
400 g Quark
1 TL Chiasamen

**ZUBEREITUNGSZEIT: 20 Min.
plus 30 Min. Einweichzeit**

1 Die Aroniabeeren mit Aroniasaft begießen und etwa 30 Minuten quellen lassen.

2 Die Orange waschen und so schälen, dass auch die weiße Haut entfernt wird. Das Fruchtfleisch in kleine Würfel schneiden und unter den Quark rühren.

3 Abwechselnd die eingeweichten Aroniabeeren mit ihrem Saft und den Orangenquark in Portionsbehälter schichten. Nach Belieben mit Chiasamen bestreuen.

Ashwagandha

Die Schlafbeere *(Withania somnifera),* auch Winterkirsche genannt, wächst im Mittelmeerraum, in Afrika und in Asien. Sowohl die Blätter als auch die Wurzeln werden in der ayurvedischen Medizin verwendet, um Körpergewebe zu stärken und Stress auszugleichen. Der Name Ashwagandha stammt aus dem Sanskrit, der alten Sprache der Veden in Indien, und bedeutet so viel wie »Geruch des Pferdes«. In Europa sind die Extrakte aus der Schlafbeerenwurzel unter dem Namen Ashwagandha als Nahrungsergänzungsmittel zugelassen. In der Wirkung sind sie mit anderen aphrodisierenden Wurzeln vergleichbar.

AUSSEHEN Die krautige, teils behaarte Pflanze, die sehr verzweigt ist, bringt glänzende scharlachrote kugelige Beeren als Früchte hervor. Allerdings wird das nährstoffreiche Ashwagandhapulver nicht aus den Beeren, sondern aus den Wurzeln gewonnen. Dazu werden diese schonend und ohne Hilfsstoffe getrocknet und in Rohkostqualität verarbeitet. Die Blätter werden in der ayurvedischen Lehre äußerlich für Entzündungen von Hautkrankheiten verwendet.

INHALTSSTOFFE Die Schlafbeerenpflanze ist zudem ein pflanzliches Arzneimittel, das antioxidativ, entzündungshemmend und immunstärkend wirkt. Zuständig dafür sind wertvolle Withanolide, die zur Gruppe der Steroide gehören, und die den Körper vor freien Radikalen schützen und somit zu den natürlichen hochwertigen Antioxidanzien zählen.

VERWENDUNG In der ayurvedischen Kräuterkunde ist Ashwagandha das am häufigsten verwendete Mittel. Es soll beruhigend und nervenstärkend wirken, was sich durchaus von dem botanischen Begriff *Withania* (Withan heißt Wissenschaftler) und *somnifera* (schlaffördernd) ableiten lässt. Ashwagandha ist ein kraftvolles Adaptogen, wie das Superfood Maca, und hat einen ausgleichenden Effekt auf den Körper. Nicht umsonst ist es auch als Indischer Ginseng bekannt, weil es Stärke und Vitalität bringt.

Ashwagandha ist als Pulver (Churna) oder als Kräuterpressling im Handel erhältlich. Die Dosierung erfolgt nach Packungsbeilage. Empfohlen wird, 1 Teelöffel Pulver mit heißem Wasser zu vermischen und vor einer Mahlzeit zu trinken. Nach Belieben kann etwas Milch oder Sojamilch beigemischt werden. Oder 1 Prise Pulver in den grünen Smoothie mischen. Alternativ einen Kräuterpressling mit warmem Wasser vor dem Essen einnehmen.

Camu-Camu

Der Camu-Camu-Strauch *(Myrciaria dubia)* ist ein Myrtengewächs, das in Südamerika, vornehmlich im westlichen Amazonasgebiet in Peru, wächst. Er bringt kleine, rote Früchte hervor. Ein Export der frischen Früchte ist aufgrund ihrer schnellen Verderblichkeit nicht möglich, weshalb sie schonend bei Niedrigtemperatur (unter 42 °C) gefriergetrocknet und zu Pulver vermahlen werden, um in den Handel zu kommen. Außer seinem exorbitant hohen Vitamin-C-Gehalt enthält Camu-Camu die Vitamine Beta-Carotin, Niacin, Riboflavin und Thiamin sowie Mineralstoffe wie Kalzium und Pflanzenwirkstoffe in Form von Flavonoiden.

AUSSEHEN Der große Strauch mit weißen Blüten trägt – unseren Kirschen in Farbe und Aussehen ähnlich –, saftig rote Früchtchen, die im frischen Zustand säuerlich-fruchtig schmecken. Der Strauch kann eine Höhe bis zu 6 Meter erreichen und steht zwischen Juli und September in der Blüte.

INHALTSSTOFFE Momentan steht die Camu-Camu-Frucht auf der Liste mit dem weltweit höchsten Vitamin-C-Gehalt – im Vergleich zu Zitrusfrüchten enthält sie 50-mal mehr. Auch die in den Pflanzen enthaltenen Anthocyane besitzen antioxidative Eigenschaften und gebieten freien Radikalen Einhalt. Unser Organismus kann selbst kein Vitamin C produzieren und ist auf die regelmäßige Einnahme über unsere Ernährung angewiesen. Speziell bei Überbelastung wie Stress oder schwachem Immunsystem kann sich der Vitamin-C-Bedarf erhöhen. Vitamin C fördert zudem die Eisenaufnahme und trägt dazu bei, unsere Zellen vor oxidativem Stress zu schützen.

VERWENDUNG Camu-Camu wird ausschließlich als Pulver (oder dieses in Kapseln gepresst) angeboten, das problemlos in Säfte, Wasser, Smoothies oder in Müslizubereitungen beigemischt werden kann. Auch in Desserts wie Fruchtpürees, Cremes oder süßem Naschwerk kann etwas Camu-Camu-Pulver beigemischt werden. Nicht zuletzt, weil das sehr säuerlich schmeckende Pulver, je nach Geschmack, etwas Süße, etwa in Form von Honig und Ahornsirup, verträgt. Camu-Camu in Kapselform besteht aus über 50 Prozent Camu-Camu-Pulver und Maltodextrose als Füllstoff. Das empfindliche Pulver vor Licht und Wärme schützen und unbedingt kühl (unter 13 °C), trocken und dunkel lagern.

Carob

Der immergrüne Karobbaum *(Ceratonia siliqua),* besser bekannt als Johannisbrot-baum, bringt schokoladenbraune Hülsenfrüchte hervor. Das Fruchtfleisch heißt Carob, wird geröstet und zu Pulver vermahlen. Es schmeckt fruchtig, leicht karamellig und erinnert geschmacklich an Kakaopulver. Als Superfood hat Carob Furore gemacht, weil es fettarm ist und beim Abnehmen helfen soll. Die Samen der Frucht werden zu Mehl, dem sogenannten Johannisbrotkernmehl, verarbeitet, das sich durch eine hohe Quellfähigkeit auszeichnet und sich zum Verdicken und Binden von Speisen eignet. In der Heilkunde wird Johannisbrotkern-mehl bei Störungen des Verdauungstraktes oder bei akuten Magenbeschwerden eingesetzt.

AUSSEHEN Der im östlichen Mittel-meerraum beheimatete, bis zu 20 Meter hohe Karobbaum, auch als Schoten-, Karuben- oder Heuschreckenbaum bekannt, trägt Früchte in Form von etwa 20 Zentimeter langen, teils gebogenen rotbrau-nen Hülsen mit einer Art ledrigen Haut. Diese enthalten ein angenehm süßes weiches Fruchtfleisch, das mit zunehmender Reifung hart wird. Die im Inneren der Schote befindli-chen harten Samen werden nicht mitgegessen.

INHALTSSTOFFE Im Vergleich zu Kakao ist Carobpulver sehr fettarm (100 Gramm entsprechen etwa 250 Kilokalorien) und schmeckt nicht so bitter. Kakao enthält 1 bis 2 Prozent anregende Substanzen wie Theobromin und Koffein, hingegen Carobpulver keinen dieser Stoffe. Ideal als Kakaoersatz für Kinder.

Carobpulver ist ballaststoffreich und enthält Kalzium, Eisen sowie die Vitamine A und B.

VERWENDUNG Das aus dem Frucht-fleisch der Früchte gewonnene Carob eignet sich sowohl für die Herstellung von Brotaufstrichen oder Dessertcremes als auch zum Backen von Kuchen. Das aus dem Samen der Kerne gewonnene Johannisbrotkern-mehl gewinnt man, indem die Kerne zunächst geschält und von dem stärkehaltigen Nährge-webe (Endosperm) befreit werden, um dann nur aus dem Samen – der etwa 25 Prozent des Kernes ausmacht – das weiße Mehl zu gewin-nen. Da Johannisbrotkernmehl bis zu einem 100-fachen seines Eigengewichts an Wasser binden kann, wird es als Binde- und Verdi-ckungsmittel eingesetzt. Diese hohe Quellfähig-keit wird bei der Herstellung von Speiseeis, Babynahrung, Saucen oder Käse geschätzt.

Mandel-**Carob**-Plätzchen

1 Backofen vorheizen auf 50 °C. Ein Backblech mit Backpapier auslegen.

2 Mandelblättchen, gemahlene Mandeln, Carobpulver,
Orangensaft und Ahornsirup verkneten.

3 Mit leicht angefeuchteten Händen kleine Kugeln daraus
formen, leicht platt drücken und diese auf das Backblech
legen. In den vorgeheizten Backofen schieben und die
Plätzchen in etwa 3 Stunden trocknen lassen.

FÜR 20–24 STÜCK

100 g Mandelblättchen
400 g fein gemahlene Mandeln
1 EL Carobpulver
Saft von 1 Bio-Orange
3 EL Ahornsirup

ZUBEREITUNGSZEIT: 20 Min.
plus 3 Stunden Trockenzeit

Carobaufstrich

FÜR 1 SCHRAUBGLAS À 250 ML INHALT

100 g weißes Mandelmus
100 g Ahornsirup
2 EL Sonnenblumenöl
1 EL Carobpulver
ZUBEREITUNGSZEIT: 15 Min.

Das Mandelmus mit Ahornsirup, Sonnenblumenöl und Carobpulver so lange
cremig rühren, bis eine homogene Masse
entstanden ist. In ein steriles (ausgekoch
tes) Schraubglas füllen und luftdicht
verschließen.

TIPP Hält sich einige Wochen im Kühlschrank.
Passt gut auf pikantes Nussbrot oder auf
Mandelplätzchen.

Chia

Die Samen der Chiapflanze *(Salvia hispanica)*, einer auf trockenem Boden wachsenden einjährigen Salbeiart, dienten in ihrem Heimatland Mexiko den Azteken einst roh oder getrocknet als wichtiges Nahrungsmittel und den Inkas in Peru als Kraftnahrung für lange Wegstrecken. Chia bedeutet in der indigenen Aztekensprache Nahuatl so viel wie ölig, denn die Samen enthalten viel Öl, das reich an Omega-3-Fettsäuren und Antioxidanzien ist. Gemahlen und über Nacht in Wasser eingelegt, bilden sie eine schleimige Flüssigkeit, die als Verdickungsmittel genutzt werden kann, die Verdauung fördert und für lange Sättigung sorgt. Die Pflanze geriet etwas in Vergessenheit, bis eine Rückbesinnung auf das wertvolle glutenfreie Vollkorn-Lebensmittel stattfand.

AUSSEHEN Die etwa 2 Millimeter kleinen, länglichen Samen sind wahre Energiebündel in Bezug auf die Versorgung von wertvollen Nährstoffen für den Menschen. Es gibt sie in Schwarz oder Weiß, wobei sich ihr Nährstoffgehalt nicht unterscheidet. Die krautige Pflanze, die zur Gattung der Salbeigewächse innerhalb der Lippenblütler-Familie gehört, kann bis zu 1,75 Meter hoch wachsen. Ihre Laubblätter haben eine Länge von 4 bis 8 Zentimeter und die blauen, zuweilen weißen Blüten stehen zu Gruppen angeordnet am Stängel. Im Frühjahr erfolgt die Aussaat, im Spätsommer geht die Pflanze in die Blüte und im Herbst können die Samen geerntet werden. In Zeiten des globalen Handelswarenaustausches wurden Chiasamen auch in Europa bekannt. Doch erst seit dem 15. Mai 1997 werden sie von der Europäischen Behörde für Lebensmittelsicherheit (EFSA) als »Novel Food« (siehe Seite 81) geführt. Die Behörde hat die empfohlene Tagesportion auf eine Höchstmenge von 15 Gramm festgelegt, da es aufgrund der nicht vorhandenen Erfahrungswerte noch keine Erkenntnisse in Bezug auf das Potenzial von möglichen Allergenen gibt.

INHALTSSTOFFE Die Chiasamen bestehen aus bis zu 38 Prozent ätherischem Chiaöl. Dieses gehaltvolle Öl ist reich an Omega-3- sowie Omega-6-Fettsäuren und ähnelt mit seinen guten Eigenschaften denen des Leinöls. Durch seinen Gehalt an Tocopherolen (Vitamin E) ist es jedoch viel besser haltbar – allerdings steht eine Zulassung für den Verzehr von reinem Chiaöl in der EU noch aus. Das reine Chiaöl gilt derzeit ausschließlich zur äußerlichen Anwendung als Hautpflege.

Chiasamen enthalten zudem bis zu 23 Prozent pflanzliches Eiweiß, etwa 40 Prozent Kohlenhydrate, die Vitamine A, Niacin, Thiamin, Riboflavin und Folsäure sowie Mineralstoffe und Spurenelemente wie Kalzium, Phosphor, Kalium, Zink und Kupfer.

Chiasamen bestehen zu über 40 Prozent aus Ballaststoffen, die im Darm in einem verlängerten Verdauungsprozess nur langsam zu Einfachzuckern umgewandelt werden, wodurch sich eine lang anhaltende Sättigung einstellt, die mit einer Stabilisierung des Blutzuckerspiegels einhergeht.

Speziell Vegetarier sowie die zunehmend wachsende Gruppe der Veganer versorgen sich gerne mit dem Korn, um auch entsprechend gesunde Abwechslung auf ihrem Speiseplan zu haben.

VERWENDUNG Das Produktangebot ist beachtlich. Allem voran die im Geschmack neutralen Chiasamen, die geröstet, im Ganzen, gemahlen oder geschrotet angeboten werden. Sobald Sie Chiasamen zu Hause haben, können diese eingesetzt und verwendet werden wie gesundes Topping, quasi als »Kick« und »Booster«, gestreut auf Müsli, Salate, Smoothies und Suppen. Zu beachten gilt eigentlich nur, im gleichen Zeitraum entsprechend viel zu trinken, weil die Samen quellende Eigenschaften haben. Und sollten Sie mal Chiasamen im hintersten Eck des Küchenschranks vergessen haben: Keine Sorge, diese Samen halten sich bis zu fünf Jahre, ohne Einbußen, ob im Geschmack, Geruch und – vor allem wichtig – im Nährstoffgehalt.

Zum Backen eignet sich glutenfreies Bio-Chiamehl, welches aus entölter Chiasaat vermahlen ist. Chiamehl liefert viel pflanzliches Eiweiß und Ballaststoffe sowie zirka 7 Prozent Chiaöl. Das Mehl eignet sich perfekt für die vegane Küche, zum Beispiel zum Binden von Suppen und Saucen oder als veganer Ei-Ersatz beim Backen. Chiasamen können auch wie beispielsweise Kürbiskerne in einer Pfanne geröstet und als Salat-Topping verwendet werden. Durch das Erhitzen bzw. Rösten verlieren die Samen aber ihre Quellfähigkeit.

BEMERKENSWERTES

Der Kalziumgehalt von Chiasamen beträgt das Fünffache im Vergleich zu Kuhmilch. Das in ihnen enthaltene Spurenelement Bor unterstützt zudem die Aufnahme von Kalzium in den Körper. Auch der Kaliumanteil lässt sich sehen: Im Vergleich zu Bananen enthalten Chiasamen das Doppelte. Der Eisengehalt ist um ein Dreifaches höher als bei Spinat, und in Bezug auf Radikalfänger enthalten Chiasamen mehr Antioxidanzien als Blaubeeren. Zudem punkten bei Unverträglichkeit von Gluten die phytinsäurefreien Chiasamen gegenüber der Weizenkleie, die Gluten enthält.

Frühstücks-**Chia-Küchlein**

FÜR 2 PORTIONEN

100 g Himbeeren
(oder Brombeeren)
2 kleine reife Bananen
4 Eier
2 EL Chiasamen
1 EL Butter (oder Kokosöl)
Außerdem:
½ TL Ahornsirup
ZUBEREITUNGSZEIT: 20 Min.

1 Für den Teig die Beeren nach Bedarf vorsichtig waschen und trockentupfen. Bis zur Verwendung zur Seite legen.

2 Die Bananen schälen und in einer Schüssel mit einer Gabel zermusen. Eier und Chiasamen zu der zerdrückten Banane in die Schüssel geben und alles miteinander verrühren. Den Teig einige Minuten ruhen lassen.

3 Die Butter in einer heißen Pfanne erhitzen. Esslöffelweise kleine Portionen Teig einlegen, mit dem Löffelrücken etwas platt drücken, anbacken lassen und wenden. Knusprig braten und auf Teller verteilen.

4 Die Himbeeren auf den Küchlein verteilen und mit wenig Ahornsirup in Fäden überziehen.

Gurkensuppe mit **Reis-Chia**

FÜR 2 PORTIONEN

2 EL Chiasamen
½ l Reismilch (TetraPak, reiner veganer Pflanzentrunk)
1 Salatgurke
1 kleines Bund Dill
Salz
schwarzer Pfeffer aus der Mühle
Cayennepfeffer
ZUBEREITUNGSZEIT: 25 Min.

1 Die Chiasamen mit Reismilch verrühren und für etwa 15 Minuten zum Quellen in den Kühlschrank stellen.

2 In der Zwischenzeit die Salatgurke waschen, schälen, längs halbieren und entkernen. Das Fruchtfleisch quer in dünne Streifen schneiden.

3 Den Dill waschen, trockenschütteln, abzupfen und fein hacken. Zusammen mit den Gurkenstreifen unter die Reis-Chia-Milch rühren. Mit Salz, Pfeffer und Cayennepfeffer würzen.

4 Die Zubereitung nochmals kalt stellen. Zum Servieren die Suppe gut umrühren und kühl genießen.

Erdmandeln

Erdmandeln *(Cyperus esculentus)*, die Wurzelknollen des Erdmandelgrases, sind in Spanien als Chufas und in England und Frankreich als Tigernuss bekannt – was durchaus auf eine geballte Kraft an spendender Energie schließen lässt. Botanisch betrachtet, handelt es sich bei den Erdmandeln nicht um Nüsse (also um Früchte der Pflanze), sondern um kleine Knollen, die sich – ähnlich wie bei Kartoffeln – aus unterirdischen Ausläufern der Sproßachse bilden, nachdem diese ihr horizontales Längenwachstum eingestellt haben und am Ende zu kleinen Sprossknollen anschwellen. Erdmandeln kommen getrocknet und ohne Zusätze verzehrfertig in den Handel.

AUSSEHEN Die bis zu 80 Zentimeter hohen Gräser blühen den Sommer über weiß, und im Herbst schwellen die Knollen im Wurzelbereich an. Für die Verarbeitung zu Mehl werden die getrockneten Knöllchen vermahlen.

INHALTSSTOFFE Die Erdmandel besteht aus über 40 Prozent Kohlenhydraten, etwa 8 Prozent leicht verdaulichem Eiweiß, Ballaststoffen, Wasser und wertvollem Fett. Erdmandeln sind reich an Kalium, Kalzium, Magnesium, Eisen und Natrium, weshalb sie, überspitzt gesagt, dem Gourmet ein gutes Nervenkostüm verpassen.

VERWENDUNG Mit Schale als Snack für zwischendurch empfehlenswert, allerdings gewöhnungsbedürftig bei der Härte der Frucht, bis sie weich gekaut ist. Die Alternative bieten Chufanüsse – unter diesem Namen sind sie auch bekannt –, zu Chips verarbeitet oder nur geschält. Erdmandeln stellen eine gute Alternative für Nussallergiker dar, da sie zwar nussig schmecken, aber keine Nüsse sind. Bei Glutenunverträglichkeit bietet sich das Erdmandel-Mehl im Handel an, denn es ist glutenfrei.

Das Schönheitsöl, das kalt gepresste Erdmandelöl, ist als »Anti-Ager« aufgrund seines hohen Gehalts an Vitamin E bekannt. Es ist gut bekömmlich, zart nussig im Geschmack und enthält Omega-6-Fettsäuren und Linolsäure. Auch unter dem Namen Tigernussöl im Handel, ist es wie Olivenöl anwendbar.

Aus Südspanien, etwa in der Gegend um Valencia herum, ist die Erdmandelmilch Horchata de chufa bekannt, die in »horchaterías« (Milchbars und Eisdielen) frisch zubereitet und als Durstlöscher eiskalt serviert wird.

Galgant

Der Echte Galgant *(Alpinia officinarum)*, auch Kleiner Galgant, Siam-Galgant oder Galgantwurz genannt, gehört zur Familie der Ingwergewächse *(Zingiberaceae)*, was in Struktur, Duft und Geschmack richtungsweisend ist. Er ist als Gewürz- und Heilpflanze bekannt, gilt als Energiespender und wird bei Müdigkeit und Antriebslosigkeit eingesetzt. Für die Äbtissin Hildegard von Bingen (1098–1179) war Galgant das »Gewürz des Lebens«. In ihren medizinischen Schriften beschrieb sie ihn als Heilmittel, welches in der ganzheitlichen Naturkunde von großem Nutzen ist. Der Große Galgant *(Alpina galanga)* mit weißem Gewebe hat in der chinesischen Medizin und im Ayurveda einen festen Platz, weniger im Ernährungsbereich.

AUSSEHEN Botanisch betrachtet handelt es sich bei dem genutzten Pflanzenteil um ein Rhizom, einen Teil der Sproßachse, das horizontal unter der Erde wächst, sich abschnittsweise verdickt und dünne sproßbürtige Wurzeln hervorbringt. In den verdickten Abschnitten speichert die Pflanze ihre Nährstoffe. Galgant hat ein starkes Eigenaroma, schmeckt scharf, leicht süßlich mit zitronigen Noten. Das orange-rote Rhizomfleisch hat eine hölzerne, harte Struktur und wird wie Ingwer geschält, geraspelt oder klein geschnitten.

INHALTSSTOFFE Aufgrund seiner Schärfe entfaltet Galgant einen wärmenden Einfluss auf den Körper. Galgant hilft bei Schwindel, Schwäche und Schmerz, ausgehend vom Herz – so heißt eine Regel in der Naturheilkunde. Auch die im Galgant enthaltenen Scharfstoffe und Flavonoide wirken appetitanregend, verdauungsregulierend und entzündungshemmend.
Achtung: Galgant nicht während der Schwangerschaft essen, da die Durchblutung der Schleimhäute angeregt wird – hierzu Rücksprache mit einem Arzt halten.

VERWENDUNG Vielfach als Pulver, welches in der Handhabung zum Beimischen in Getränken relativ einfach ist. Aber auch in Tabletten- oder Kapselform. Die frischen, aus Südostasien stammenden Rhizome sind mittlerweile sehr gut zu bekommen, sodass es sich lohnt, diese dem Pulver vorzuziehen. Den frischen Galgant in Folie wickeln und im Gemüsefach durchaus mehrere Wochen lagern. Ist in der Verwendung mit Ingwer vergleichbar, nur dass sich Galgant nicht mit süßen Zubereitungen verträgt.

Goji

Glücksbeere wird die Gojibeere in ihrer Heimat China sowie in der Mongolei genannt. Glück bezieht sich sicherlich auf die Tatsache, dass sie ein Bündel an Inhaltsstoffen vorzuweisen hat, die so wertvoll sind, dass sie in China als Medizin gilt. Die wie Tomaten und Kartoffeln zu den Nachtschattengewächsen gehörende Pflanze heißt auch Bocksdornfrucht oder Wolfsbeere, der botanische Name lautet *Lycium barbarum*. In China werden Gojibeeren und auch die jungen Blätter des Gojistrauches zum Verfeinern von Saucen sowie als Bestandteil von Füllungen, Fleisch- oder Fischteigen mitgekocht. Getrocknet kommen die Früchte bis zu uns in den Handel. Die Qualität ist entscheidend, und der Import aus China sichert nicht unbedingt eine Bio-Qualität, wie wir sie kennen.

AUSSEHEN Die länglich ovalen kleinen Früchte haben entweder eine orange-gelbe oder eine leuchtend rote Farbe. Sie reifen von August bis Oktober und werden direkt nach der Ernte zum Trocknen in die Sonne gelegt. Je nach Geschmack – manche schmecken sehr säuerlich, wiederum andere sehr süß –, werden sie nach dem Trocknen gekocht oder als getrocknete Rohware gegessen.

INHALTSSTOFFE Bei der Gojibeere überschlagen sich die positiven Meldungen, da sie eine exorbitant hohe Menge an Antioxidanzien und 21 wichtige Spurenelemente enthält, die vor allem für ein gesundes Nervensystem sowie für gesunde Augen stehen. In der traditionellen chinesischen Medizin (TCM) wird mit Goji das Yin erhöht, damit das Yang wieder den Ausgleich bekommt. Übersetzt heißt das, dass diese Wunderbeere für Schwachpunkte wie hohen Blutdruck und Blutzucker eingesetzt wird, aber auch generell, um das Immunsystem zu stärken. Vor allem sind die Gehalte von allen B-Vitaminen, Vitamin A, C und E und Eisen hervorzuheben.

VERWENDUNG Beim Einkauf auf kontrolliert biologische Herkunft achten und dass kein Schwefel zugesetzt ist. Dies ist möglich, da der Anbau von Gojibeeren in Europa, z. B. in Deutschland oder in der Schweiz, immer größere Ausmaße annimmt. Es ist aber auch gut möglich, einen Gojistrauch im eigenen Garten zu pflanzen und entsprechend frische Früchte zu ernten. Gojibeeren werden wie Rosinen in Kuchen, Muffins und auch im Brot mitgebacken. Es gibt fertige Tees, Säfte, Punsch, Smoothies, Marme-laden und Chutneys im Angebot. Von den ge-trockneten Gojibeeren entweder 1 Esslöffel pro Tag knabbern oder im Smoothie mitmixen.

NICHT EINSEITIG, SONDERN VIELSEITIG!

Genauso vielfältig man sich täglich ernähren sollte, um von allem etwas, aber nicht von etwas ein Zuviel zu bekommen, so verhält es sich auch mit den Superfoods. Diese sind in vernünftiger homöopathischer Dosis in ihrer Wirkung erfolgreich, in großen Portionen jedoch kontraproduktiv, weil ein Zuviel den Körper unnötigerweise ungesund belasten kann. Im Falle der Gojibeeren liegt die tägliche Empfehlung bei 1 Esslöffel pro Tag.

Reiner Direktsaft aus Gojibeeren ist sehr teuer. Im Kühl-schrank hält sich der Saft bis zu 2 Wochen.

Erdnuss-**Banane** mit Gojibeeren

FÜR 1 PORTION

1–2 Bananen
Saft von ½ Bio-Zitrone
etwas Erdnussmus
getrocknete Gojibeeren

ZUBEREITUNGSZEIT: 5 Min.

1 Die Bananen schälen, halbieren und jeweils in drei mundgerechte Stücke schneiden. Leicht mit Zitronensaft beträufeln.

2 Jedes Bananenstück mit etwas Erdnussmus bestreichen und mit getrockneten Gojibeeren bestreuen.

TIPP Gesunder Snack für die Couch – mit allen Vitaminen.

Salatherzen mit **Goji-Dressing**

1 Die Gojibeeren klein schneiden oder hacken, mit Orangensaft vermengen und 15 Minuten einweichen lassen.

2 Inzwischen die Salatherzen entblättern, waschen und längs in Streifen schneiden. Die Datteltomaten waschen und längs halbieren. Die Mango schälen, das Fruchtfleisch vom Stein schneiden und klein würfeln.

3 Salatstreifen, Tomatenhälften und Mangofruchtfleisch vermengen, mit Salz und Pfeffer würzen und breitflächig auf zwei Teller verteilen.

4 Den Goji-Orangensaft mit Olivenöl und Sherryessig verrühren und löffelweise über die Salatzutaten geben.

FÜR 2 PORTIONEN

2 EL getrocknete Gojibeeren
Saft von 1 süßen Bio-Orange
2 kleine Salatherzen
150 g Datteltomaten
1 süße Flugmango
grobes Meersalz
schwarzer Pfeffer aus der Mühle
2 EL Olivenöl
1 TL Sherryessig
(oder Aceto balsamico)

ZUBEREITUNGSZEIT: 20 Min.

Himbeer-Quark mit Gojibeeren

1 Die Gojibeeren klein schneiden und mit Apfelsaft vermischen.

2 Quark mit Naturjoghurt, Ahornsirup und Himbeeren mit einem Stabmixer vermischen und pürieren.

3 In zwei Portionsschalen verteilen und löffelweise mit der Goji-Apfel-Mischung überziehen.

TIPP Wenn die Himbeerernte im Sommer reichlich ausfällt, kann man die Früchte gut auf Vorrat einfrieren. Am besten an einem trockenen Tag pflücken und nebeneinander liegend einfrieren, damit sie nicht klumpen. So lassen sie sich später besser dosieren.

FÜR 2 PORTIONEN

2 EL getrocknete Gojibeeren
50 ml naturtrüber Apfelsaft
250 g Quark (Magerstufe)
150 g Naturjoghurt
1 EL Ahornsirup
150 g Himbeeren
(TK oder frisch)

ZUBEREITUNGSZEIT: 15 Min.

47

Guaraná

Die in Südamerika am Amazonas und Orinoco wachsende Lianenpflanze *(Paullinia cupana)* aus der botanischen Familie der Seifenbaumgewächse *(Sapindaceae)* enthält in den Samen ihrer Früchte viel Koffein – fünfmal mehr als Kaffee –, das sich bei Leistungsschwäche als Energiespender bewährt. Das indigene Volk der Gauraní, das schon vor Ankunft der Spanier Ackerbau betrieb, kennt diese Frucht seit alters her, wodurch sich auch ihr Name erklärt. Bei der Reife platzen die kleinen orange-roten Kapselfrüchte auf und bringen meist einen, zuweilen auch mehr braune bis schwarze Samen hervor, die an ihrer unteren Hälfte von einem weißen Gewebe umschlossen sind. Die Samen werden mit diesem weißen Arillus geerntet, kurz fermentiert und dann gesäubert und getrocknet.

INHALTSSTOFFE Die Samen schmecken bitter und enthalten neben Eiweißen, Fetten, Stärke und Koffein auch Gerbstoffe, welche die Wirkung der anregenden Stoffe verzögert und verlängert. Guaraná wirkt genau wie Kaffee stimulierend und wach machend. Dafür sind die Substanzen Koffein und Theobromin verantwortlich. Zudem hilft es durch die anregende Wirkung, Hungergefühle zu dämpfen, wodurch Guaraná als Hilfsmittel zum Abnehmen bekannt wurde.

VERWENDUNG Die getrockneten und zermahlenen Samen werden wie Kakao mit Wasser aufgegossen und mit Honig gesüßt als Guaraná getrunken. Da pures Guaraná sehr herb und bitter schmeckt, wird es normalerweise nur als Zusatz in Lebensmitteln wie Getränke, Schokolade, Kräuter- und Früchtetees, Kaugummi und Energydrinks verwendet. Das Pulver ist auch als Nahrungsergänzungsmittel zugelassen und wird nur in kleinster Menge (1 kräftige Prise oder Messerspitze) in Smoothies mitgemixt. Zum Anrühren als Heißgetränk empfiehlt es sich, Guaraná mit Kakao oder Kaffee zu vermischen. Es gibt auch Fertiggetränke mit zugesetztem Guaraná oder Guaraná-Kapseln.

REZEPT: NUSSBÄLLCHEN 50 Gramm zerkleinerte Gojibeeren, 2 Esslöffel Ahornsirup, je 100 Gramm gemahlene Mandeln, Haselnüsse, Kokosraspel und Haferflocken und 1 Teelöffel Guaranápulver mit 200 Milliliter Mandelmilch vermischen und 1 Stunde ruhen lassen. Kugeln daraus formen, im vorgeheizten Backofen bei 180 °C (Umluft 160 °C, Gas Stufe 2–3) etwa 20 Minuten backen.

Hanf

In Naturkostläden und Bio-Geschäften — meist neben Amaranth, Quinoa und Lein-samen —, stehen die kleinen Samen der Hanfpflanze *(Cannabis sativa)* im Ganzen, geschält oder ungeschält zum Verkauf. Wiederentdeckt, weil sie frei von Gluten sind und einen hohen Eiweißgehalt vorweisen, der ideal für Veganer, Vegetarier und auch für Sportler ist. Das Rauschmittel THC (Tetrahydrocannabinol) wird ausschließlich in den Blüten und Blättern der Hanfpflanze gebildet, die Hanfsamen dagegen sind frei von stimulierenden Substanzen. Die Pflanze spielt mit ihren Stängeln, wie auch Flachs, eine wichtige Rolle in der Gewinnung von Fasern zur Herstellung von Textilien und ermöglichte einst in China die Entwicklung der Papierherstellung. Zur Ernährung bestimmt sind also nur die Hanfsamen und daraus gewonnene Produkte.

AUSSEHEN Die etwa 3 Millimeter kleinen Hanfsamen werden ausschließlich vom Nutz- oder Industriehanf geerntet. Zugelassen für den Anbau sind in der EU nur bestimmte Sorten, die einen THC-Wert unter 0,2 Prozent haben. Die Aussaat erfolgt im Frühjahr, etwa im April, um im Herbst die Samen ernten zu können. Nach der Ernte werden die Hanfsamen direkt als Lebensmittel verwendet, sei es im Ganzen oder gemahlen zu Mehl.

INHALTSSTOFFE 100 Gramm Hanfsamen enthalten in etwa 450 Kilokalorien und bestehen aus ca. 35 Prozent Fett, ca. 35 Prozent Kohlenhydraten und ca. 24 Prozent Proteinen. Zudem weisen sie besonders hohe Anteile an B-Vitaminen sowie Kalium, Magnesium, Eisen und Kalzium auf.

Das Schönheitsvitamin E sticht in der Aufzählung hervor, ebenso wie die Tatsache, dass Hanfsamen alle essenziellen Aminosäuren aufweisen. Die Proteine bestehen hauptsächlich aus dem leicht verdaulichen Globulin Edestin.

VERWENDUNG Hanfsamen schmecken nussig, sodass sie als Snack super geeignet sind und als »Brainfood« zwischendurch eine echte Kraftquelle darstellen. Sie eignen sich zudem gut als Topping oder als Zusatz im Smoothie, gestreut über das Müsli oder über einen Salat. Im Kuchen oder im Brot gebacken, auch als Alternative für andere Nüsse und Samen wie Mandeln, Haselnüsse, Pinienkerne, sind Hanfsamen eine schmackhafte und nährstoffreiche Zutat, die Abwechslung auf dem Speiseplan bringt.

Feigen mit **Hanf**

1   Die Hanfsamen mit Olivenöl sowie einem Spritzer Zitronensaft verrühren. Leicht mit Salz und Pfeffer würzen.

2   Die Feigen waschen, putzen, nach Bedarf schälen, vierteln, auf einem Teller anrichten und mit der Marinade beträufeln.

FÜR 1 PORTION

1 EL Hanfsamen
2 EL Olivenöl
1 Spritzer Zitronensaft
Salz, schwarzer Pfeffer
2–3 frische Feigen

ZUBEREITUNGSZEIT: 5 Min.

Kalt gepresstes Öl aus Hanfsamen ist eine gesunde Alternative zu anderen Ölen wie Olivenöl oder Leinöl, da Hanföl sehr reich an Omega-3-Fettsäuren ist. Zusätzlich gibt es auch ein Hanfproteinpulver, welches aus dem Presskuchen von kalt gepresstem Hanfsamenöl gewonnen und getrocknet wird. Dieses Pulver wird für Smoothies zur Nahrungsergänzung in geringen Mengen beigemixt.

Hanfsamen – ganz, geschrotet, gemahlen und als Öl. Für Hanfmilch mixt man ungeschälte Hanfsamen ohne Einweichen mit Wasser, seiht sie ab und fängt die »Milch« auf.

Rucolasalat
mit **Goji-Hanföl-**Dressing

FÜR 2 PORTIONEN

2 EL getrocknete Gojibeeren
50 ml Apfelsaft
1 EL Apfelessig
100 g Rucola
3 EL Hanföl
Salz
schwarzer Pfeffer aus der Mühle
1–2 EL Hanfsamen

ZUBEREITUNGSZEIT: 20 Min.

1 Die Gojibeeren klein schneiden, mit Apfelsaft sowie mit Apfelessig vermengen und 10 Minuten ruhen lassen.

2 Rucola waschen, trockenschwenken und etwas kleiner zupfen oder schneiden.

3 Die eingeweichten Gojibeeren mit Hanföl verrühren und mit Salz und Pfeffer würzen. Mit dem Rucola locker vermengen und auf Teller verteilen. Mit Hanfsamen bestreuen.

TIPP Kalt gepresstes Hanföl sollte kühl und dunkel lagern. Luftdicht verschlossen hält es bis zu 12 Monate.

Tomaten-**Hanf-Dip**

FÜR 2 PORTIONEN

1 kleine rote Chilischote
2 Knoblauchzehen
150 g Kirschtomaten
1 EL Weißweinessig
2 EL Hanföl
1 kleines Bund glatte Petersilie
Salz
schwarzer Pfeffer aus der Mühle
1 Prise Cayennepfeffer
2 EL Hanfsamen

ZUBEREITUNGSZEIT: 15 Min.

1 Die Chilischote waschen, nach Bedarf entkernen und den Stielansatz entfernen. Die Knoblauchzehen abziehen und in grobe Stücke schneiden. Die Kirschtomaten waschen und halbieren.

2 Chili, Knoblauch und Tomatenhälften zusammen mit dem Weißweinessig sowie dem Hanföl in einem Standmixer pürieren.

3 Die Petersilie waschen, die Blättchen abzupfen, fein hacken und unterrühren. Mit Salz, Pfeffer und Cayennepfeffer würzen. In ein Glas füllen und mit Hanfsamen bestreuen.

TIPP Mit Weißbrot dippen.

Honig

Das Lebensmittel Honig ist so gut wie die Aufzucht, die Pflege und die Umgebung der Bienenvölker. Guter Honig entsteht in einer intakten Umgebung, wenn Bienen fleißig Blütennektar sammeln, diesen mit eigenen Körpersäften anreichern und ihn quasi als Nahrung für die blütenlose Zeit im Winter bunkern. Doch der Mensch hat dieses hochpotente Lebensmittel zum eigenen Nutzen entdeckt, und so müssen die Bienen mehr arbeiten, als ursprünglich vorgesehen. Bei der Verwendung ist darauf zu achten, dass Honig nicht erhitzt wird, denn so verliert er seine guten Eigenschaften. Auch andere Bienenprodukte macht sich der Mensch zunutze: Gelée royale und Propolis, ein Harz, das die Bienen zum eigenen Schutz herstellen.

INHALTSSTOFFE Das Naturprodukt Honig besteht zum Großteil aus Zucker. Doch dieser ist nicht vergleichbar mit Saccharose, dem handelsüblichen Haushaltszucker, sondern durch die Grundbestandteile wie Blütennektar entsteht Fruchtzucker (Fruktose) und Traubenzucker (Glukose). Durch diese enthaltenen Zuckerarten ist Honig auch als rascher Energiespender bekannt, der auch bei Unterzucker rasch hilft. Angereichert ist dieser mit Pollen – dem proteinreichen Blütenstaub – Enzymen, Mineralien und Vitaminen. Der von den Bienen gesammelte Blütennektar ist wässrig und erst lagerfähig durch die zugesetzten Enzyme der Tiere.

PROPOLIS

Das von den Bienen selbst hergestellte Harz wird als Dichtmasse zum Kitten der Fluglöcher der Stöcke verwendet. Es hat eine antibiotische, antivirale und antimykotische Wirkung gegen Bakterien und Viren. Für uns Menschen gilt Propolis als natürliches Antibiotikum zum direkten Auftragen auf die Haut oder oral zur Behandlung von Erkältungen oder Halsentzündungen. Propolisextrakt hilft, tropfenweise mit Wasser vermischt, bei Zahnschmerzen.

VERWENDUNG Möglichst deutschen Bio-Honig als gesundes Süßungsmittel verwenden und keine No-Name-Honige aus unbekannter Herkunft, bei denen man keine Rückschlüsse auf Pestizide oder Insektizide ziehen kann. Vielfach zeigen Menschen allergische Reaktionen auf Bienenprodukte, daher genau auf die eigene Sensibilität achten.

GELÉE ROYALE

Ein königliches Nährmittel, das die angehenden Bienen-Königinnen in der Larvenzeit erhalten. Es ist eine milchig-weiße, gelartige Substanz, die von den Bienen-Arbeiterinnen in großen Drüsen produziert wird. Aufgrund der hoch komplexen Inhaltsstoffe – u. a. alle B-Vitamine und alle 22 Aminosäuren –, ist Gelée royale in der Gesundheitsszene sehr begehrt, etwa zur Immunstärkung und als Anti-Aging-Produkt. Man kann den »Bienenköniginnenfuttersaft« als Mischung mit Pollen und Honig in Trinkampullen kaufen. Auch im gefriergetrockneten Zustand oder in Kapselform ist das Gelée erhältlich. Doch Vorsicht, die meisten Produkte stammen nicht aus Deutschland, sondern aus Asien, meist aus China, und entsprechen nicht unserem Qualitätsstandard. Auf europäische Bio-Produkte achten.

Honig ist für Kinder unter dem ersten Lebensjahr nicht geeignet. Honig ist zähflüssig, klebrig und ein natürliches Rohprodukt. Als dieses sollte es auch verwendet werden, denn beim Erhitzen werden Enzyme zerstört und es süßt nur noch. Honig soll stets luftdicht verschlossen, dunkel und möglichst an einem kühlen Ort aufbewahrt werden. Veganer essen keinen Honig, da er als Tierprodukt wie Eier oder Milch eingestuft wird. Achtung: Wer allergisch auf Honig reagiert, wird diese Beschwerden bei sämtlichen Bienenprodukten zeigen.

Süßkartoffel mit **Honigfäden**

1 Die Süßkartoffel waschen, schälen und in etwa 2 Zentimeter große Würfel schneiden.

2 Eine beschichtete Pfanne heiß werden lassen, das Öl darin erhitzen und die Süßkartoffelwürfel in 8 bis 10 Minuten von allen Seiten braten. Dabei mit Salz, Pfeffer und erst am Schluss mit Zimt würzen.

3 Den Pfanneninhalt auf zwei vorgewärmte Teller verteilen, mit Walnüssen bestreuen und lange Honigfäden darüber ziehen.

TIPP Dazu passt frischer Spinatsalat.

FÜR 2 PORTIONEN

1 Süßkartoffel (etwa 400 g)
1–2 EL Pflanzenöl
Salz
schwarzer Pfeffer aus der Mühle
1 Prise gemahlener Zimt
1 EL gehackte Walnüsse
Honig nach Geschmack
ZUBEREITUNGSZEIT: 30 Min.

Obst mit Honig-**Kakaobohnen**

1 Mango und Papaya schälen, beide entkernen und das Fruchtfleisch in mundgerechte Stücke schneiden. Die Physalis aus den Papierhüllen drehen, waschen und halbieren.

2 Die vorbereiteten Früchte mit Limettensaft vermischen und in zwei Schalen geben. Die Kakaobohnen mit Honig vermengen und darauf verteilen.

TIPP Zusätzlich mit etwas Kakaopulver oder Macapulver garnieren.

FÜR 2 PORTIONEN

1 reife Flugmango
1 kleine reife Papaya
4–6 Stück Physalis
Saft von ½ Limette
etwa 10 rohe Kakaobohnen
1–2 EL Honig

ZUBEREITUNGSZEIT: 20 Min.

Ziegenkäse mit Orangen-Honig

1 Die Orange waschen und so schälen, dass auch die weiße Haut entfernt wird. Aus den Hautsegmenten Filets (ohne Haut) herausschneiden, das restliche Hautgerüst mit den Händen fest ausdrücken und den Saft auffangen.

2 Rucola verlesen, dicke Stiele abschneiden, waschen und trockenschwenken. Die Möhre waschen, schälen und in feine Scheiben schneiden.

3 Rucolasalat mit Orangenfilets und Möhrenscheiben breitflächig auf zwei Teller verteilen. Den Ziegenkäse grob zerkleinern und darüber verteilen.

4 Den Orangensaft mit Weißweinessig und Honig verrühren. Mit Salz und Pfeffer würzen und über die Salatteller träufeln. Mit Pistazien bestreuen.

TIPP Anstatt Pistazienkerne passen auch Zedernnüsse.

FÜR 2 PORTIONEN

1 große saftige Bio-Orange
1 kleines Bund Rucola
1 große Möhre
100 g Ziegenkäse
1 EL Weißweinessig
1 EL Honig
Salz
schwarzer Pfeffer aus der Mühle
1 EL Pistazien

ZUBEREITUNGSZEIT: 25 Min.

Inkabeeren

Inkabeeren *(Physalis peruviana),* auch Andenbeeren genannt, sind ein beliebter Snack in der Rohkostszene. Es sind getrocknete Physalis, die auch Lampionfrüchte genannt werden, weil die gelben Früchtchen von einer natürlichen papierähnlichen Haut umhüllt sind. Ursprünglich stammt diese kleine Frucht aus Südamerika, daher der Name Inkabeere. Von Seefahrern wurde sie vor langer Zeit nach Südafrika gebracht und erhielt dort ihren Namen Kapstachelbeere. Wir kennen sie frisch aus dem Supermarkt und wissen sie aufgrund ihres hohen Vitamingehalts zu schätzen. Getrocknet wird sie als Superfood angepriesen, sicher eine gute Alternative zu ungesunden Knabbereien.

AUSSEHEN Zum eigenen Schutz sind die frischen sehr intensiv süß-säuerlich schmeckenden kugeligen Früchte in »Papier« eingehüllt, das botanisch dem Kelch der Frucht entspricht, der sich ballonartig aufbläst. Diese natürliche Verpackung ist sehr gut, da die gelbe Fruchtschale sehr klebrig ist. Im Handel werden die frischen Früchte zum eigenen Schutz in kleinen Körbchen angeboten. Beim Entfernen der papierartigen Hülle und beim Reinbeißen entfaltet sich in Aroma und Geschmack ein Obstkorb, gefüllt mit Maracuja-, Ananas-, Kiwi- und Stachelbeernoten.

INHALTSSTOFFE Vorrangig viel Vitamin A und C sowie die ganze Palette der B-Vitamine, wie B1, B2, B6 – und für Veganer sehr wichtig: Vitamin B12. Inkabeeren gelten daher als Stresskiller, als Relaxfood, denn Vitamin B wird als beruhigendes Nervenvitamin bezeichnet. Zusätzlich sind in den Früchten kleine Mengen des Schlafhormons Melatonin, welches einen gesunden Schlaf fördert und den Biorhythmus reguliert. Wer also mit unruhigem Schlaf und nervöser Unruhe zu kämpfen hat, könnte abends entweder frische oder getrocknete Inkabeeren naschen.

VERWENDUNG Frische Kapstachelbeeren halten sich gut einige Tage und finden in jeder Mahlzeit Platz, ob als Garnitur aufs Puten-, Tempeh- oder Lachssteak, halbiert und vermischt im Salat, als Dekoration für Süßspeisen und natürlich gemixt im Smoothie. Getrocknete Beeren im Trockenschrank zu haben ist immer gut, denn ein »paar B-Vitamine« nebenbei zu naschen, tut dem ganzen Körper gut. Für Smoothies und Powerdrinks gibt es auch Inkabeerenpulver.

Jícama

Der Begriff Jícama (xicama, xicamatl) stammt aus dem Nahuatl, der indigenen Aztekensprache, und heißt so viel wie »Schmeckendes«. Die Heimat ist Mexiko mit Verbreitung in ganz Lateinamerika – und dort wird sie verzehrt, wie bei uns Kohlrabi. Umgangssprachlich ist dieses Gemüse *(Pachyrhizus erosus)* allgemein als Yambohne, auch als Andine Knollenbohne oder Yam Bean bekannt und kommt zunehmend mehr und mehr in Bioläden bei uns an. Bisher konnte man diese Knollen, von der Größe vergleichbar mit Kohlrabi, meist ausschließlich übers Internet beziehen. Mittlerweile wird sie ganzjährig als frische Flugware angeboten, auch aus Thailand, wo sie Bengkuang heißt.

AUSSEHEN Die mehrjährige krautige Rankenpflanze wird bis zu fünf Meter lang und nährt sich von Wurzelknollen, die als Wasserspeicher dienen. Da die essbaren Wurzelknollen abgeerntet werden, müssen die Pflanzen fürs Folgejahr neu ausgesät werden. Die hellbraunen Knollen verfügen über ein weißes Fruchtfleisch, von der Konsistenz ähnlich dem Rettich. Die Pflanze braucht tropisches Klima und so wird sie auch in Asien und Afrika angebaut. In Asien wird aus der Wurzel Mehl hergestellt, das unter dem Namen Arrowroot bekannt ist.

INHALTSSTOFFE Viel Kalzium, Phosphor und Vitamin C zeichnen diese hellbraune Wurzelknolle aus, die frisch sehr saftig ist, geschmacklich neutral, aber doch mit Nuancen, die von Apfel, Birne bis Kohlrabi reichen.

VERWENDUNG Roh schmeckt sie am besten, nach mexikanischer Art mit einer Dipsauce aus Limettensaft, Chilisauce und Salz. Oder vermischt mit frisch geschnittenen Orangenfilets und süß-saurer Chilisauce.

REZEPT: JÍCAMA-ROHKOST Dazu eine etwa bis 500 Gramm schwere Jícama-Knolle schälen, vierteln und in Stäbe oder noch kleiner, in Würfel, schneiden. Etwa 2 Esslöffel frischen Galgant oder Ingwer mit 2 Esslöffel Agavendicksaft, dem Saft von 1 Limette und 3 Esslöffel Walnussöl vermengen. Mit Chiligewürz, Salz und Pfeffer würzen und 1 Esslöffel frisch gehacktes Koriandergrün beimischen. Zusammen mit dem vorbereiteten Gemüse in einer Schüssel locker vermengen. Nach Geschmack mit etwas Aceto balsamico crema oder dunklem Sesamöl beträufeln.

Kakao

Superfood-Guru David Wolfe spricht gerne über Kakao *(Theobroma cacao)* als wertvollstes Lebensmittel der Welt, denn in seiner ursprünglichen Form, als Rohprodukt, ist diese Bohne vom Nährwert her kaum zu toppen. Doch was im Laufe der Industrialisierung durch Zusätze von Zucker und billigem Milchfett daraus wurde, nämlich Industrieschokolade und süße Erzeugnisse, hat die »heilende Kraft« von Kakao kaputt gemacht, so die Aussage von Wolfe. Roh, unfermentiert und in Bio-Qualität, ohne Zusätze – nur so enthält Kakao die volle Bandbreite an wertvollen Nährstoffen. Wird Kakao geröstet und im Heißgetränk aufgelöst, verliert er die antioxidativen Eigenschaften. Die Kakaobohnen eignen sich als gesunde Knabberei.

AUSSEHEN Der immergrüne Kakaobaum trägt direkt am Stamm oder an dicken Ästen gelb-rote Früchte, die etwa 20 Zentimeter lang und bis zu 500 Gramm schwer sind. Im Innern der Frucht befinden sich bis zu 50 weiße, leicht violette Samen, umgeben von weißem Fruchtfleisch. Ihre braune Farbe und feste Konsistenz erhalten sie erst nach der Ernte, durch Fermentation und Trocknung. Während der Fermentation werden Aromastoffe ausgebildet und der leicht bittere Geschmack wird etwas milder. Die Heimat der Kakaobohnen ist Südamerika. Weltweit werden hauptsächlich drei Sorten angebaut: Forastero, Trinitario und die edle teure Sorte Criollo aus Venezuela. Kakao wurde in Europa erst durch den spanischen Eroberer Hernán Cortés bekannt, der im Jahr 1544 Kakaobohnen aus Mexiko mit nach Spanien brachte. Es dauerte allerdings bis ins 17. Jahrhundert, bis Kakao, vermischt mit Zucker und Milch, zum beliebten Getränk wurde – in höfischen Kreisen, denn Kakao war immer teuer, die Bohnen galten zeitweise als kostbares Zahlmittel. Im Jahr 1753 gab der schwedische Botaniker Carl von Linné dem Kakaobaum den wissenschaftlichen Namen *Theobroma cacao*, was als »Götterspeise Kakao« übersetzt wird. Heutzutage liefern die größten Kakao-Produzenten von der Elfenbeinküste und Indonesien.

KAKAO-NIBS

Bei niedriger Temperatur getrocknete, geschälte und in Stücke zerkleinerte Bohnen werden Kakao-Nibs genannt. Sie können pur genossen, ins Müsli eingerührt, mit Nüssen vermischt als Knabbergenuss oder als Rezeptzutat verwendet werden.

INHALTSSTOFFE Was den wahren Wert von Kakao ausmacht, ist die rohe, unbearbeitete Bohne, sprich der Samen. Rohe Kakaobohnen dürfen nicht über 42 °C erhitzt werden, damit die wertvollen Inhaltsstoffe erhalten bleiben. Die Liste der gesundheitsfördernden und -stärkenden Nährstoffe ist lang, angefangen vom höchsten Magnesium- und Eisengehalt aller Pflanzen. Dazu kommen Zink, Kupfer und Chrom, viele Ballaststoffe, sehr viel Vitamin C und E und ein bemerkenswert hoher Kalziumgehalt, der die Knochen stärkt und auch vor altersbedingten Mangelerscheinungen schützt. In der Top-Antioxidanzien-Liste ist Kakao führend, in der Gesamtwertung steht diese Pflanze im Vergleich über Gojibeeren, Blaubeeren und grünem Tee. Roher Kakao wirkt zudem verdauungsfördernd und senkt den Blutdruck. Und letztendlich ist Kakao als Stimmungsaufheller bekannt, denn die enthaltene Aminosäure Tryptophan hebt den Serotoninspiegel und gibt gute Laune. Wer also sagt, dass Schokolade glücklich macht, meint im Endeffekt die rohe Kakaobohne und nicht den Zucker, der als Beigabe in jeder noch so schönen Tafel steckt.

VERWENDUNG Im Handel gibt es ungeschälte und geschälte Bohnen, Kakaopulver und Kakao-Nibs. In Mexiko wurde einst aus Wasser »atl« und den bitteren Bohnen »Xococ«, das Getränk Xocolatl, gewürzt mit etwas Vanille sowie Chili, hergestellt. Dieses Kakaogetränk mit leicht herb-scharfem Geschmack war kraftspendend, und es wurde ihm sogar eine aphrodisierende Wirkung nachgesagt. Kakaopulver wird auch gern in Smoothies mitgemixt, in selbst gemachten Pralinen oder in kalten Süßspeisen verwendet. Kakao-Rohprodukte sind sehr teuer, aber durch die sparsame Dosierung, etwa 1 Teelöffel täglich, sehr ergiebig. Beispielsweise Pflanzentrunk wie Reis-, Nuss- oder Mandelmilch mit etwas Ahornsirup oder Honig süßen und Kakaopulver beimischen.

Hanfmilch mit
Kakao-Müsli

1 Kakao-Nibs, Cranberrys, Amaranth und Mandelsplitter vermengen und in zwei Portionsschalen verteilen.

2 Das Müsli nach Geschmack mit etwas Ahornsirup beträufeln. Die Hanfmilch darüber gießen und mit Kakaopulver bestäuben.

FÜR 2 PORTIONEN

2 EL Kakao-Nibs
2 EL getrocknete Cranberrys
4 EL gepopptes Amaranth
2 EL Mandelsplitter (oder Blättchen)
1 TL Ahornsirup
250 ml Hanfmilch (oder andere vegane Milch)
1 Prise Kakaopulver

ZUBEREITUNGSZEIT: 10 Min.

Datteln mit
Kakao-Nibs

10 getrocknete Datteln (oder frische)
50 g Frischkäse
1 TL Honig
1 kräftige Prise Kakaopulver
2 EL Kakao-Nibs

ZUBEREITUNGSZEIT: 15 Min.

1 Die Datteln entkernen. Den Frischkäse mit Honig sowie Kakaopulver verrühren und zuletzt die Kakao-Nibs unterziehen.

2 Die Datteln mit der Mischung füllen und bis zum Servieren kalt stellen.

TIPP 1 kleine Prise Chilipulver gibt einen extra Genuss-Touch. Die Datteln können auch mit ganzen Bio-Kakaobohnen gefüllt werden.

Heiße **Kakao**-Kirschen

300 g entsteinte süße Kirschen
1 EL Rohrohrzucker
1 Prise Vanillezucker
100 g Sojasahne
1 EL ungesüßtes Kakaopulver

Zum Garnieren:
Pinienkerne
Kakao-Nibs

ZUBEREITUNGSZEIT: 20 Min.

1 Den Backofen vorheizen auf 180 °C (Umluft 160 °C, Gas Stufe 2–3). Zwei ofenfeste Förmchen bereitstellen.

2 Die Kirschen mit etwa 50 Milliliter Wasser, Rohrrohzucker und Vanillezucker in einem kleinen Topf verrühren und aufkochen lassen. Den Topf vom Herd ziehen.

3 Die Kirschen mit Saft in die Förmchen füllen. Sojasahne mit Kakaopulver verrühren und über die Kirschen geben.

4 Die Förmchen nur für einige Minuten in den Backofen schieben. Die heißen Kakao-Kirschen mit einer Mischung aus Pinienkernen und Kakao-Nibs garnieren.

TIPP Kakao-Nibs schmecken auch gut auf Orangenfilets. Dafür 1 große Orange so schälen, dass auch die weiße Haut entfernt wird. Mit einem Messer die Filets zwischen den Hautsegmenten herausschneiden. Auf einem Teller anrichten. Die Orangenfilets mit 1 Teelöffel Olivenöl beträufeln und mit 1 Esslöffel Kakao-Nibs bestreuen.

Kokosnuss

Bei einem »Hangover« – einem »Kater« nach Alkoholaufnahme –, bekommt der Betroffene in Asien eine frische Kokosnuss in die Hand gedrückt, um das königliche Wasser zu trinken, welches den Elektrolythaushalt wieder auf Vordermann bringt. Man könnte bei dem »königlichen Wasser« sogar von einem Heilmittel sprechen, denn in einigen Ländern wird Kokoswasser bei Durchfallerkrankungen traditionell zum Flüssigkeitsausgleich verwendet. Kokosnussfruchtfleisch löscht ganz hervorragend »Chili-Brände« im Mund, denn das höllisch scharfe Capsaicin der Chilis ist nicht wasserlöslich. In asiatischen Currygerichten ist die Kokosnuss der Grundstock und das mildernde Element zur Chilischote. Aus dem weißen Kopra, dem Kokosfruchtfleisch, werden Kokosraspel gewonnen, die gern zum Backen verwendet werden.

AUSSEHEN Die Kokosnuss ist botanisch gesehen keine Nuss, sondern eine Steinfrucht. Sie wächst auf der Kokospalme *(Cocos nucifera)*, die weltweit in klimatisch heißen, tropischen Gegenden zu Hause ist. Verwendung findet nicht nur die Kokosfrucht, sondern auch das Holz sowie die Blätter (Palmwedel).

INHALTSSTOFFE Die grün geernteten Früchte enthalten etwa 45 Prozent Wasser, welches durch seine Inhaltsstoffe von Magnesium, Phosphor, Kalium, Selen und Eisen als isotonisches Getränk bezeichnet werden kann.
Das weiße, cremige Kokosfett, auch Kokosöl genannt, wird erst bei Temperaturen über 24 °C flüssig. Es wird aus getrocknetem Kokosfruchtfleisch, dem Kopra (siehe Kasten oben auf der rechten Seite), hergestellt, schmeckt unerwartet sehr neutral und stellt eine gute Alternative zu tierischem Öl dar. In wissenschaftlichen Studien wird immer wieder darauf hingewiesen, dass Kokosöl in seiner Zusammensetzung auf natürliche Weise gegen Bakterien und Viren wirkt. Zudem begünstigt Kokosöl die Aufnahme von Mineralstoffen und von fettlöslichen Vitaminen.

VERWENDUNG Kokosmilch, gepresstes Fruchtfleisch mit Wasser versetzt, ist ein idealer Energielieferant und wird vielfach in der Ernährung für Speisen, Backwaren und Getränke eingesetzt. Kokosnusswasser, das natürliche Wasser in der frischen Frucht, wird meist pur getrunken – oder im Smoothie mitgemixt. Kokosraspel passen gut zu süß schmeckenden Speisen.

KOPRA, KOKOSMILCH & KOKOSBLÜTENZUCKER

Die grünen Kokosfrüchte werden nach der Ernte getrocknet, wodurch die Schale hart und fasrig und der Wassergehalt des köstlich weißen Fruchtfleisches auf 5 Prozent reduziert wird. Das nun eher harte Kokosfruchtfleisch heißt in diesem Stadium Kopra und dient als Basis für die Herstellung von Fett, Öl, Flocken und Paste. Der Fettgehalt liegt hier bei über 60 Prozent.

Die dickliche Kokosmilch, die es in Tetra Paks und Dosen zu kaufen gibt, ist kein natürliches Produkt der Kokosnuss, sondern wird durch Pürieren des Fruchtfleisches mit Wasser und anschließendes Pressen durch Tücher hergestellt. Diese aromatische Kokosmilch hat einen durchschnittlichen Fettgehalt von etwa 20 Prozent.

Kokosblütenzucker wird in Handarbeit aus Kokospalmenblüten hergestellt. Dabei wird der Nektar aus Blütenknospen von einer speziellen Kokospalmenart verwendet. Dieser wird gekocht, gefiltert und so lange eingedickt, bis Zuckerkristalle übrig bleiben. Kokosblütenzucker ist naturbelassen, d.h., dass dieser nicht raffiniert ist. Dies erklärt auch den Preis.

Kokos-**Blumenkohl**-Süppchen

1 Die Blumenkohlröschen waschen und klein schneiden. Den Ingwer schälen, die Zwiebel abziehen und beides fein hacken.

2 Das Öl in einem Topf erhitzen und darin den Kreuzkümmel 1 Minute braten. Den Blumenkohl hinzufügen und unter Rühren kurz anbraten. Ingwer und Zwiebeln einstreuen und mit Currypaste 1 Minute rühren. Mit Gemüsebrühe und Kokosmilch angießen.

3 Die Suppe aufkochen, die Hitze reduzieren und etwa 15 Minuten köcheln lassen. Mit Salz und Pfeffer würzen. Den Topfinhalt mit einem Stabmixer pürieren. Nochmals abschmecken und mit frisch gehacktem Koriandergrün bestreuen.

FÜR 2 GROSSE PORTIONEN

- 250 g Blumenkohlröschen
- 1 Stück Ingwer (etwa 3 cm)
- 1 kleine Zwiebel
- 1 EL Pflanzenöl
- 1 kräftige Prise Kreuzkümmel
- 1 TL indische Currypaste
- 500 ml Gemüsebrühe
- 200 ml Kokosnussmilch
- Salz
- schwarzer Pfeffer aus der Mühle
- 1 EL frisch gehacktes Koriandergrün

ZUBEREITUNGSZEIT: 30 Min.

Kokos-Gurken in Brühe

FÜR 2 PORTIONEN

2 Knoblauchzehen
4 Schalotten
3 EL Erdnussöl
1 große Salatgurke
1 rote Chilischote
1 TL Shrimp-Paste (oder
Chilisauce/vegan)
250 ml Kokosnussmilch (Dose)
Salz
grob geschroteter schwarzer
Pfeffer
1 EL helle Sojasauce

ZUBEREITUNGSZEIT: 20 Min.

1 Knoblauch und Schalotten abziehen und in Streifen schneiden. 1 Esslöffel Öl erhitzen, die Hälfte der Schalotten darin 5 Minuten braten. Auf Küchenpapier legen.

2 Gurke schälen, längs halbieren, entkernen und in dünne Halbmonde schneiden. Chilischote putzen, Samen entfernen und das Fruchtfleisch in Streifen schneiden.

3 In einem Wok 2 Esslöffel Erdnussöl erhitzen und darin Chili, restliche Schalotten und Knoblauch unter Rühren braten. Mit Shrimp-Paste vermischen und die Kokosnussmilch dazugießen. Einige Minuten leise kochen lassen und dabei mit Salz, Pfeffer und Sojasauce würzen.

4 Zuletzt die Gurken einlegen und nur noch ziehen lassen. Nochmals abschmecken, in Schalen verteilen und mit den beiseite gelegten gebratenen Schalotten servieren.

Kokoscreme mit Lúcuma

FÜR 2 GLÄSER

275 g Bananen
250 ml Kokosnussmilch
1 TL Lúcumapulver

Außerdem
1 TL Kokosraspel

ZUBEREITUNGSZEIT: 10 Min.
plus Anfrierzeit

1 Die Bananen schälen und in Scheiben schneiden, es sollen 250 Gramm reines Fruchtfleisch sein.

2 Die Bananenscheiben in einen Mixer geben. Die Kokosnussmilch und das Lúcumapulver dazugeben. Alles aufmixen und cremig pürieren. Die Creme in Portionsschalen einfrieren.

3 Das Dessert kurz vor dem Verzehr zum Antauen herausholen. Kokosraspel in einer Pfanne ohne Fett anrösten und über die Creme geben.

TIPP Auch Fruchtsmoothies lassen sich gut mit Lúcumapulver süßen.

Kokos-Booster im Salatblatt

1 Die Radicchioblätter waschen und trockenschwenken. Die Orange so schälen, dass auch die weiße Haut entfernt wird. Anschließend aus den Hautsegmenten Orangenfilets herausschneiden.

2 Die Möhre und die Zucchini waschen, putzen und fein raspeln. Die Raspel mit Koriandergrün, Kokosflocken und Orangenfilets vermengen, mit Salz und Pfeffer würzen und portionsweise in die Salatblätter verteilen.

INFO Der Begriff »Booster« leitet sich in der englischen Sprache von dem Verb »to boost« ab, was für »nachhelfen, fördern« steht. Ein Booster hilft demnach, das eigene Immunsystem anzukurbeln.

FÜR 2 PORTIONEN

8 schöne Radicchioblätter
1 saftig süße Bio-Orange
1 Möhre
1 Zucchini
1 EL frisch gehacktes Koriandergrün
2 EL Kokosflocken
Salz
schwarzer Pfeffer aus der Mühle
ZUBEREITUNGSZEIT: 20 Min.

Mango-**Kokos-Creme**

1 Den Backofen auf 140 °C (Umluft 120 °C, Gas Stufe 1) vorwärmen. Sojasahne mit Kokosnussmilch, Mangosaft und Agavendicksaft in einem kleinen Topf unter Rühren aufkochen.

2 Das Reismehl mit etwas Flüssigkeit aus dem Topf glatt rühren, in den Topfinhalt klumpenfrei einrühren und einmal aufkochen lassen.

3 Die dickliche Flüssigkeit in ofenfeste Förmchen füllen. Diese in den vorgewärmten Backofen stellen und die Creme in etwa 20 Minuten stocken lassen.

4 Anschließend kurz bei Zimmerwärme abkühlen lassen und dann für 2 Stunden in den Kühlschrank stellen.

5 Eine Pfanne ohne Fett erhitzen und die Kokosraspel darin kurz rösten. Zum Servieren die Creme mit den gerösteten Kokosraspeln garnieren.

FÜR 4 PORTIONSSCHALEN

250 g Sojasahne
150 ml Kokosnussmilch
150 ml Mangosaft
2 EL Agavendicksaft
5 EL Reismehl
2 EL Kokosraspel
ZUBEREITUNGSZEIT: 35 Min. plus Kühlzeit

Lila-Mais

Mais stammt ursprünglich aus Mexiko und ist eine Pflanzenart innerhalb der botanischen Familie der Süßgräser *(Poaceae)*. Lila-Mais ist lediglich eine Varietät des gewöhnlichen Mais *(Zea mays)*. Purple corn – oder wie er in Peru genannt wird: Maíz morado –, erhält diese Färbung durch den hohen Anteil an Anthocyanen, sogenannten Flavonoiden. Anthocyane sind wasserlösliche Pflanzenfarbstoffe, die den Pflanzenteilen, die sie enthalten, eine rote, violette, blaue bzw. blauschwarze Färbung geben. Sie schützen die Pflanzen damit vor zu starkem UV-Licht und binden im menschlichen Körper freie Radikale, die bei oxidativem Stress entstehen. Der tief dunkelblaue Mais braucht besondere klimatische Bedingungen, und so ist er vornehmlich in den Höhen der Anden, in Peru, zu Hause.

AUSSEHEN Die lilafarbenen Kolben werden auch Purpur-Mais genannt. Auf Quechua, der Sprache der indigenen Bevölkerung Südamerikas, die vom südlichen Kolumbien über weite Teile Ecuadors, Perus und Boliviens bis zum Norden Chiles und Argentiniens gesprochen wird, heißt er »Kculli«. Lila-Mais wird schonend bei niedrigen Temperaturen getrocknet und erhält dadurch seine Rohkostqualität. Das daraus gemahlene Pulver ist bläulich-lila, ähnlich der Farbe von Blaubeeren. Es wird als Purple-Corn-Pulver verkauft.

INHALTSSTOFFE Als Superfood ist der Lila-Mais durch seinen hohen Gehalt an Antioxidanzien aufgefallen. Auch wird ihm eine blutdrucksenkende Wirkung nachgesagt, obwohl dies anhand von klinischen Studien nicht nachgewiesen ist.

VERWENDUNG Für das in Peru beliebte Getränk Chicha morada werden ganze Maiskolben mit Ananas- und Quittenschalen, Zimtstangen und Gewürznelken etwa 1 ½ Stunden gekocht, bis die Maiskörner ihre Farbe an das Kochwasser abgegeben haben. Anschließend wird der Topfinhalt in einem Sieb abgeseiht und der Sud nach Belieben mit Limettensaft und Zucker abgeschmeckt. Das Getränk wird sehr kalt getrunken. In Bolivien wird es etwas dickflüssiger gekocht, heiß serviert und Api genannt. Bei uns gibt es den Anden-Mais als lila, leicht herb schmeckendes Pulver, das als Nahrungsergänzungsmittel erhältlich ist. Es wird in homöopathischen Dosen über Salate gestreut, mit Joghurt oder Müsli verrührt oder im Smoothie mitgemixt. Über das Internet können auch lila Maiskolben »maíz morado en mazorca« bezogen werden.

Lúcuma

Die süßschmeckende Frucht vom Lúcumabaum *(Pouteria lucuma)* aus der botanischen Familie der Breiapfelgewächse *(Sapotaceae)* ist äußerst nährstoff- und vitaminreich. Sie gehörte vor Ankunft der Spanier zu den Grundnahrungsmitteln der Inkas. Die Pflanze wird auf einer Höhe zwischen 1000 und 2400 Metern vor allem in Chile, Peru und Ecuador angebaut. In ihrer Heimat wird sie aufgrund ihrer heilenden Wirkung als Inka-Gold bezeichnet. Insbesondere das Lúcumapulver wird bei akuten Haut- oder Schürfwunden aufgetragen, da es antibakteriell und wundheilend wirkt. Das Fruchtfleisch ist mit leichtem Vanille- und Mango-Akzent sehr schmackhaft und eignet sich bestens zur Herstellung von Smoothies und cremigen Desserts. Bei uns kommt es als Pulver auf den Markt.

AUSSEHEN Auf bis zu 15 Meter hohen Bäumen wachsen die nahezu kugelrunden Lúcumafrüchte, die bis zu 1 Kilogramm schwer werden können und einen großen Samen in sich bergen. Sie fallen unreif vom Baum und reifen bis zur Verwendung beziehungsweise bis zum Verzehr, gehüllt in Blätter oder Heu. Da sich die olivgrünen Früchte mit ihrem festen orangegelben Fruchtfleisch ob ihrer raschen Verderblichkeit nicht lange halten, werden sie bei unter 45 °C schonend getrocknet und fein vermahlen. Das Lúcumapulver hält sich, luftdicht verschlossen, bei dunkler, kühler Lagerung bis zu 3 Jahre.

INHALTSSTOFFE Das Lúcumapulver verfügt über einen niedrigen glykämischen Wert, der Blutzuckerspiegelschwankungen verhindert und dadurch speziell für Diabetiker einen idealen Zuckerersatz darstellt. Es enthält viele Ballaststoffe, wirkt regulierend auf die Verdauung und ist auch als Appetitzügler bekannt. Viele Vitamine, Mineralstoffe, etwa Eisen, Niacin und Beta-Carotin, vervollständigen das Nährstoffpaket.

VERWENDUNG In der veganen Rohkostküche ist das leicht nach Ahornsirup schmeckende, karamellartige Lúcumapulver ob seiner harmonischen Süße sowie der Cremigkeit eine beliebte Zutat. Zudem wird es auch zum Andicken von Süßspeisen verwendet. In Peru gehört das Speiseeis mit Lúcumageschmack zu den beliebtesten Sorten. Das Pulver wird gerne für Smoothies, Cerealien, Joghurt, Quark, Müslis und Milchmixgetränke verwendet, weil es eine cremig-süße Mischung ergibt (Rezept Seite 66).

Lupine

Lupinen sind Blumen, die an ihren prachtvollen hochwachsenden Blütenständen Samen bilden, die ähnlich wie Erbsen in einer Hülse liegen. Die Pflanze gehört zur botanischen Familie der Hülsenfrüchtler, genauso wie Kichererbsen, Erbsen und Erdnüsse. Obwohl es weit über 200 Lupinensorten gibt, werden als Nahrungsmittel ausschließlich die Samen der Weißen, Gelben und Blauen Süßlupine *(Lupinus albus, luteus bzw. angustifolius)* sowie der Anden-Lupine *(Lupinus mutabilis)* verwendet, da bei ihnen die Bitterstoffe und Blähstoffe nahezu vollständig weggezüchtet wurden.

INHALTSSTOFFE Interessant ist, dass Süßlupinen zwar zu den Hülsenfrüchten zählen, aber weitaus besser vertragen werden, weil sie fast keine blähenden Substanzen enthalten. Bei einer Soja- oder Glutenunverträglichkeit stellt Lupine eine schmackhafte und vor allem nährstoffreiche Alternative dar, die Allergiker ganz vorsichtig austesten sollten, denn Lupinensamen können auch Allergien auslösen. Das wertvolle Eiweiß (bis zu 48 Prozent) der Lupine wirkt im Körper basisch und enthält alle acht essenziellen Aminosäuren. Und für Menschen, die unter Gicht leiden, ist Lupine gut, weil es purinfrei ist.

VERWENDUNG Lupinensamen werden im Prinzip genauso verarbeitet wie Sojabohnen zu Tofu – und dieses Produkt heißt Lopino. Es ist eine quarkähnliche Masse, die gepresst im Block, als Bratling oder als Brotaufstrich in den Verkauf kommt. Zudem sind Lupinenmehl sowie eine Flüssigwürze namens Loyu, ähnlich wie Sojasauce, im Handel. Für Knabberfans gibt es getrocknete Lupinensamen als gesunden Snack.

EDAMAME

Die japanische Bezeichnung Edamame *(Glycine max)* heißt so viel wie Stängelbohnen. Im Inneren der grünen Schoten befinden sich die essbaren Sojabohnen, die in Aussehen und Größe dicken Bohnen sehr ähnlich sind, die Schoten werden aber nicht gegessen. Diese nussig schmeckenden Kerne verfügen über wertvolles Eiweiß sowie Omega-3-Fettsäuren. Die japanische Restaurantkultur machte sie bei uns bekannt, auch als Snack mit Wasabi. Zum Kochen gibt es Edamame fast nur tiefgefroren.

Lupine auf Mangosalat

1 Den Feldsalat putzen, waschen und abtropfen lassen. Die Paprikaschote waschen, putzen und würfeln. Die Schalotte abziehen und fein würfeln.

2 Die Mango schälen und das Fruchtfleisch vom Kern abschneiden. Die Hälfte klein würfeln und mit Feldsalat, Paprika- und Schalottenwürfeln vermengen.

3 Für das Dressing Orangensaft, restliches Mango-Fruchtfleisch und 1 Esslöffel Öl pürieren. Nur leicht würzen.

4 Lopino in mundgerechte Stücke schneiden. Restliches Öl in einer beschichteten Pfanne erhitzen und darin die Lupinenstücke von allen Seiten in 2 bis 3 Minuten goldbraun braten. Auf dem Salat mit Dressing anrichten.

FÜR 2 PORTIONEN

100 g Feldsalat
1 gelbe Paprikaschote
1 Schalotte
1 Mango
Saft von 1 kleinen Bio-Orange
3 EL Olivenöl
Salz
schwarzer Pfeffer aus der Mühle
Cayennepfeffer
Currypulver
200 g Lupinen-Filet (Lopino)
ZUBEREITUNGSZEIT: 20 Min.

Quinoa mit **Jícama**-Edamame

1 Quinoa in eine heiße beschichtete Pfanne ohne Fett rieseln lassen, unter Rühren 1 Minute braten und mit 400 Milliliter Wasser aufgießen. Salzen und aufkochen. Die Hitze reduzieren und die Quinoa etwa 15 Minuten garen. Die Pfanne beiseite ziehen und während die Quinoa abkühlt, diese öfters mit einer Gabel auflockern.

2 Knoblauch abziehen und fein hacken. Zitronensaft mit Olivenöl, Sesampaste und Sherryessig verrühren. Mit Salz und Pfeffer würzen.

3 Jícama schälen und in dünne Streifen schneiden. In einer Schüssel Edamame, Jícama, Quinoa und Knoblauch mit dem Dressing locker vermengen. Salatblätter waschen, trockenschwenken. Den Quinoasalat darauf anrichten.

FÜR 2 GROSSE PORTIONEN

200 g Quinoa
Salz, 2 Knoblauchzehen
Saft von ½ Bio-Zitrone
2 EL Olivenöl
1 EL Sesampaste (Tahin)
1 EL Sherryessig
schwarzer Pfeffer aus der Mühle
250 g Jícama (Yambohne)
150 g aufgetaute, geschälte Edamame (TK)
ein paar Blätter Romanasalat
ZUBEREITUNGSZEIT: 30 Min.

Maca

Die knollige Macawurzel *(Lepidium meyenii Walp.* bzw. *Lepidium peruvianum Charcon)* aus Südamerika hat hierzulande Furore gemacht, weil ihr besondere Eigenschaften zugeschrieben werden, wie etwa stärkende Kraft für die Nerven und fördernde Eigenschaften für die Libido. Die spanischen Kolonialherren erkannten dies schon frühzeitig und exportierten sie in ihr Heimatland. Maca stammt aus den Anden Perus. Dort wächst das zur botanischen Familie der Kreuzblüter gehörende Kressegewächs bis in große Höhen von 4000 Meter und bringt die robusten, kleinen Knollen hervor. Der Export frischer Knollen mit Blättern ist schwierig, zuweilen werden sie in speziellen Bio- oder Veganmärkten angeboten. Maca wird bei uns getrocknet als Pulver sowie als Kapseln und Tabletten angeboten.

AUSSEHEN In der botanischen Fachsprache wird das nährstoffreiche Gewebe der Macapflanze – wie unser Radieschen – als Hypokotylknolle bezeichnet, denn ihr eigentliches Speicherorgan ist das Hypokotyl, jener Teil der Sprossachse, der zwischen Wurzelbeginn und Keimblättern liegt. Umgangsprachlich hat sich jedoch der Begriff »Macawurzel« (engl. maca root) durchgesetzt, sodass man die Knolle unter diesem Namen im Handel findet. Frische Macaknollen können gelb, rot oder schwarz sein. Da die süßlich schmeckende Knolle sehr unkompliziert im Anbau ist, kann sie durchaus im eigenen Garten oder auf dem Balkon angepflanzt werden. Die Pflanze blüht weiß, vermag sich leicht aus Samen zu ziehen und lässt sich schon nach etwa 4 Monaten ernten. Das frische Kraut schmeckt wie Kresse. Die Pflanze verträgt auch Frost und karge Bodenverhältnisse.

INHALTSSTOFFE Macas verfügen über hohe Nährwerte, ähnlich wie Mais oder Reis. Ihre Anteile an essenziellen Aminosäuren, Eisen und Kalzium sind sogar höher als in Kartoffeln. In ihrer südamerikanischen Heimat sind die frischen Knollen eine beliebte Zutat. Sie werden ganz einfach im Ganzen im Backofen gegart und weiterverarbeitet. Auch ist man sich der verjüngenden und belebenden Inhaltsstoffe bewusst, weshalb Maca auch als Heilpflanze verehrt wird. Sie wird gern als Libido stärkendes Mittel verabreicht – verantwortlich dafür sind Alkamide, bestimmte Fettsäuren, die das Hormonsystem stärken – und mit ihrem Beinamen Peruanischer Ginseng weltweit als natürliches Potenzmittel gehandelt. Wissenschaftlich bewiesen ist es nicht, aber die Liste der enthaltenen Vitamine, Proteine, Mineralstoffe, Senfölglykoside und Antioxidanzien ist beeindruckend.

VERWENDUNG Macas werden in ihrer Heimat nicht frisch verzehrt, sondern einer Hitzebehandlung unterzogen. Der Macabrei, süßlich und pikant schmeckend, heißt Mazamorra, hergestellt aus gekochten und gestampften Knollen – ähnlich der Mazamorra morada aus Lila-Mais. Maca wird in ihrer Heimat mehrmals täglich gegessen, ob als Brei mit Früchten und anderem Gemüse, getrocknet und zu Mehl verarbeitet, in Backwaren oder zum Andicken von Suppen und Saucen verwendet. Das Macapulver wird sehr gerne mit heißer Milch oder mit heißem Wasser zu einem nahrhaften Getränk vermischt. Bei uns wird Macapulver in kleinen Portionen – täglich bis zu 1 Teelöffel – einfach unter Müsli oder Porridge gerührt bzw. in einem Shake oder Smoothie mitgemixt.

Vegane
Maca-Mandel-Milch

1 Die Bananen schälen, in Scheibchen schneiden und in einen Mixer geben.

2 Die anderen Zutaten in den Mixer dazugeben. Alles kräftig aufmixen und pürieren.

FÜR 2 PORTIONEN

2 überreife Bananen (zuckersüß)
300 ml Mandelmilch (vegan)
1 TL Macapulver
1 Prise gemahlener Zimt
ZUBEREITUNGSZEIT: 5 Min.

Hanfmilch mit Avocado

1 Die Avocado schälen, den Kern entfernen und das Fruchtfleisch klein schneiden. Zusammen mit Ahornsirup, Hanfmilch und Macapulver in einen Mixer geben.

2 Langsam starten, alles kräftig aufmixen und cremig pürieren. Die Hanfmilch in zwei Gläser füllen.

TIPP Nach Belieben etwas Zitronensaft und Currypulver mitmixen.

FÜR 2 PORTIONEN

1 kleine Avocado (z. B. Haas)
1/2 TL Ahornsirup
1/4 l Hanfmilch
1 TL Macapulver
ZUBEREITUNGSZEIT: 5 Min.

 Leckeres mit **Maca**

Apfelmus mit **Maca**

FÜR 2 PORTIONEN

500 g Äpfel (z. B. Golden Delicious)
1 Spritzer Zitronensaft
1 Zimtstange
1 EL Apfel- oder Birnendicksaft
1 TL Macapulver

ZUBEREITUNGSZEIT: 20 Min.

1 Die Äpfel schälen, entkernen und klein schneiden. Mit etwa 100 Milliliter Wasser, Zitronensaft und der Zimtstange zum Kochen aufsetzen.

2 Nach dem ersten Aufkochen die Hitze reduzieren und die Äpfel 2 bis 3 Minuten ziehen lassen.

3 Die Zimtstange entfernen und die Äpfel mit Apfel- oder Birnendicksaft nach Belieben süßen. Das Macapulver einrühren. Alles mit einem Stabmixer pürieren.

TIPP Warm oder kalt genießen. Nach Geschmack mit Mandelsplittern garnieren. Es kann anstatt mit Apfel- oder Birnendicksaft auch mit Honig oder Rohrohrzucker gesüßt werden.

Dattelkugeln mit Maca

FÜR 16–20 STÜCK

250 g Datteln
1 Mandarine
1 TL Macapulver
100 g gemahlene Haselnüsse (oder Mandeln)

Zum Wälzen

gehackte Haselnüsse oder Mandelsplitter

ZUBEREITUNGSZEIT: 30 Min. plus Kühlzeit

1 Die Datteln entsteinen, klein schneiden und in einen Mixer geben. Den Saft der Mandarine auspressen und mit dem Macapulver zu den Datteln geben. Gut pürieren.

2 Nach und nach die gemahlenen Haselnüsse (oder Mandeln) unterkneten, sodass ein Teig mit einer kompakten Bindung entsteht.

3 Aus dem Teig mit befeuchteten Händen Kugeln formen und diese in gehackten Haselnüssen oder Mandelsplittern wälzen.

4 Die Dattelnkugeln mit Klarsichtfolie abdecken und bis zum Verzehr in den Kühlschrank stellen.

74

Maqui

Der Maquibaum *(Aristotelia chilensis)* der botanischen Familie der Ölfruchtbaumgewächse *(Elaeocarpaceae)* wird bis zu fünf Meter hoch und bringt aus seinen hellen Blüten kleine violette Früchte hervor, im Aussehen ähnlich wie Blaubeeren. Die Heimat liegt in Patagonien, im Süden Chiles, wo sie dem Stamm der Mapuches schon seit alters her als Nahrung und Medizin dienen. Die Früchte sind frisch gepflückt schnell verderblich, weshalb sie bei Niedrigtemperaturen schonend getrocknet und als Pulver oder in Kapselform verkauft werden. Mit ihrer intensiven dunkelvioletten Farbe färben die frischen Früchte selbst die Mundschleimhaut beim Verzehr.

INHALTSSTOFFE Die kleinen Beeren sind reich an Proteinen, Vitaminen, Mineralien mit viel Eisen und Kalzium, besonders hervorzuheben sind das Schönheitsvitamin A und viel Vitamin C. Auf der Verpackung des lila Pulvers ist ein Button mit 71.000 ORAC-Werten angegeben, welches sich auf 100 Gramm bezieht. Der Schutz der menschlichen Zellen vor oxidativem Stress wird speziell hervorgehoben. Doch auch frische Früchte wie Blaubeeren, Brombeeren oder frische Aroniabeeren stehen dem doch teuren Pulver in nichts nach. Im Gegenteil, der hohe Gehalt an Anthocyanen – Pflanzenstoffe, welche Früchten ihre blaue und violette Farbe verleihen –, ist preislich günstiger zu erhalten.

MAQUIBLÄTTER

Nicht nur die Maquifrüchte, die zuweilen auch Chilenische Weinbeeren genannt werden, sondern auch die Maquiblätter dienen der Ernährung. Im frischen Zustand sind sie essbar und werden als Salat zubereitet.
In der Naturheilkunde sollen die Blätter im frischen Zustand Sonnenbrand lindern und in getrockneter Form, beziehungsweise als Tee zubereitet, zur Wundheilung beitragen.

VERWENDUNG Der angenehm fruchtige Geschmack des lila Maquibeerenpulvers passt gut als Nahrungsergänzung, teelöffelweise pro Portion (empfohlene Tagesverzehrmenge von 5 Gramm soll nicht überschritten werden), in Smoothies, Müslis oder Joghurt eingerührt.

Maqui-Bowl mit Nüssen

1 Bananen schälen und klein schneiden. Mit Kokosnusswasser, Chiasamen und Maquibeerenpulver in einen
Mixer geben. Alles cremig und dunkelrot-lila (!) mixen.

2 Die Creme in eine Schüssel füllen, mit Folie abdecken
und mindestens 1 Stunde im Kühlschrank quellen lassen. Mit gehackten Walnüssen bestreuen.

TIPP Die Zubereitung am besten am Abend fürs Frühstück machen.

FÜR 1 SCHALE

4 Fingerbananen
200 ml Kokosnusswasser
2 EL Chiasamen
1 TL Maquibeerenpulver
2 EL gehackte Walnüsse

**ZUBEREITUNGSZEIT: 5 Min.
plus Anfrierzeit**

Maqui-Smoothie

1 Papaya oder Mango schälen und entkernen, Banane
schälen und alles klein schneiden.

2 Alle Zutaten in einen Mixer geben. Langsam starten und
dann bei Höchststufe alles cremig pürieren.

FÜR ETWA 500 ML

1 kleine Papaya oder Mango
1 Banane
1 TL Maquibeerenpulver
200 ml Mandelmilch (vegan)
2–3 Eiswürfel

ZUBEREITUNGSZEIT: 10 Min.

Grüner Salat mit Maqui-Dressing

1 Pflücksalat waschen und trockenschwenken oder auf
Küchenpapier abtropfen lassen.

2 Für das Dressing Senf mit Olivenöl, Weißweinessig,
Ahornsirup und Maquipulver verrühren. Mit Salz und
Pfeffer würzen. Mit dem Pflücksalat vermengen.

FÜR 2 PORTIONEN

150 g grüner Pflücksalat
½ TL mittelscharfer Senf
3 EL Olivenöl
1 EL Weißweinessig
1 TL Ahornsirup
1 TL Maquipulver
Salz, Pfeffer

ZUBEREITUNGSZEIT: 5 Min.

Matcha

Matcha heißt auf Japanisch »gemahlener Tee«. Bei dieser Variante Tee aus Japan werden die Teeblätter der Teepflanze *(Camellia sinensis)* nicht fermentiert, sondern frisch und grün belassen. Matcha, dieses Superfood aus Japan, wo der Tee eng mit dem spirituellen Leben verbunden ist und dem Getränk ehrende Teezeremonien gewidmet werden, besteht aus grünen, getrockneten sowie gemahlenen Teeblättern, ohne Strunk oder feine Blattrippen und -äderchen. Es gibt höchste Qualitätsstufen bis hin zu minderen Qualitäten, die letztendlich vom Preis abzulesen sind. In der Gourmetküche hat sich Matcha als innovativer Foodtrend durchgesetzt, mit dem sich tolle grüne Akzente setzen lassen, von der Speiseeisherstellung bis hin zu gewagten Kompositionen im Bereich Tee-Cocktails und Smoothies.

AUSSEHEN Für die Herstellung kommen ausschließlich feinste Teeblätter zur Verwendung, die kurz vor der Ernte abgedeckt werden, damit sie im Schatten mehr Chlorophyll produzieren können. Dieses Abdecken geschieht mit dunklen Netzen, Bambus- oder Schilfmatten, die 90 Prozent des Lichts wegfiltern. Durch das Abdunkeln erhalten die Blätter ihre smaragdgrüne Farbe. Nach dem Ernten und Trocknen werden wiederum nur die feinsten Blättchen ohne Strunk und Blattrippen in Granitsteinmühlen zu Matcha gemahlen. In Smoothies eine kleine Portion (½ Teelöffel) beimischen.

INHALTSSTOFFE Qualität hat ihren Preis, und wer wirklich sehr gute Qualität kauft, bekommt die Grünteesorte »Tencha«. Das schon eher giftgrün aussehende und hochwertige Teepulver wirkt bei richtiger Zubereitung – mit 80 °C warmem Wasser aufgießen und mit einem Bambus-Teebesen cremig schlagen – durch den hohen Koffeingehalt belebend und energiespendend. Das grasgrüne Pulver ist reich an antioxidativen phenolischen Inhaltsstoffen.

VERWENDUNG Matcha bringt Farbe in Speisen, ob in Eiskreationen, Smoothies, Desserts oder Salatsaucen (siehe Seite 82). Seit alters her steht Matcha im Mittelpunkt japanischer Teezeremonien. Nach überlieferten Ritualen wird der Tee in aller Stille und Ruhe von einem Teemeister zubereitet und den Anwesenden gereicht. Die sich über Stunden hinziehende Zeremonie soll der inneren Einkehr und der Selbstfindung im Kosmos dienen – ideal gegen moderne Hektik.

Mesquite

Spricht man im Bereich Superfoods von Mesquite oder Prosopis *(Prosopis pallida),* so ist ein aus getrockneten Süßhülsenbohnen der Süßhülsen- oder Mesquitebäume gewonnenes Pulver gemeint. Vielfach werden die Früchte der Mesquitebäume aus Peru verwendet. Weltweit gibt es unzählige Arten von Mesquitepflanzen, ob als Baum oder Strauch gewachsen, die der botanischen Pflanzengattung Prosopis in der Unterfamilie der Mimosengewächse innerhalb der Familie der Hülsenfrüchtler *(Fabaceae)* zugeordnet werden.
Die Heimat der Mesquite-Bohnen ist Süd- und auch Nordamerika. Ursprünglich war Mesquite eines der Hauptnahrungsmittel der Indianer, die aus diesem »Baum des Lebens« ein Teegetränk, Sirup, Mehl, Medizin und sogar Gewebe herstellten.

AUSSEHEN Das Holz des Mesquite- oder Süßhülsenbaums wird sehr gerne zum Grillen und auch Räuchern verwendet, weil es einen sehr urwüchsigen Duft abgibt. Die länglichen, sichelartigen Früchte werden im Ganzen getrocknet und zu Pulver und Mehl verarbeitet. Dieses schmeckt aromatisch, leicht süßlich und eignet sich für Smoothies, für Desserts oder Eiscreme zum Abrunden der Süße.

INHALTSSTOFFE Als Superfood wird Mesquite aufgrund der hohen Nährstoffdichte und des Gehalts an Kalzium, Magnesium, Kalium, Zink und Eisen bezeichnet. Der Ballaststoffanteil beträgt über 25 Prozent, und Mesquitepulver weist einen sehr niedrigen glykämischen Index auf, da vor allem die insulinunabhängige Fruktose enthalten ist.

VERWENDUNG Vor allem in der veganen (Rohkost-)Küche wird es als Gewürz für Saucen und Suppen verwendet. Auch in der süßen Abteilung gibt das bräunlich farbene, süße malzige Mesquite einem Dessert, einem Milchshake oder einem Smoothie eine karamellige Note. Siehe Seite 83.

ZITAT

»Der Körper sei ein Blumenbeet, in dem die Organe wie Blumen wachsen. Bei falscher Ernährung verlören die Zellen und Organe ihre lebendige Kraft. Sie verkümmerten, welkten, erkrankten. Der Mensch verlöre seine Gesundheit.«
Max Bircher-Benner
(1867–1939)

Moringa

Weltweit in tropischen und subtropischen Gebieten, ob in Asien, Afrika oder in der Karibik, wächst der Moringabaum *(Moringa oleifera)*. Er wird auch respektvoll als »Wunderbaum« bezeichnet, weil alle Baumteile – ob Wurzeln, Blätter, Holz, Früchte, Blüten, Rinde oder Samen – essbar oder von Nutzen sind. In Indien wird sogar ehrerbietig vom »Baum der Unsterblichkeit« gesprochen, denn die gesamte Heilkraft des Baumes soll über 300 verschiedene Krankheiten heilen. Aufgrund seiner Vitamine und Mineralstoffe wird Moringa als Nahrungsergänzungsmittel zur Optimierung des Vitalstoffhaushalts im Bereich Superfood verwendet. Die vom Geschmack her ähnliche Moringawurzel kann auch als Meerrettichersatz dienen.

AUSSEHEN Der schnell wachsende Baum, der den widrigsten Umständen, ob kargen Böden oder wenig Wasser, trotzt, kann im ersten Jahr schon über die 8-Meter-Grenze gehen. Der hohe Gehalt an Senfölglykosiden, in den Wurzeln sowie in den Blättern, hat dem Tropenbaum auch den Namen Meerrettichbaum verliehen.

INHALTSSTOFFE Besonders hervorzuheben sind der hohe Vitamin-C-Gehalt sowie das enthaltene Vitamin E, welches ein wichtiges Antioxidans darstellt, um vor oxidativen Schäden zu schützen. Nicht umsonst wird das Vitamin E folglich als Energie- und Fruchtbarkeitsvitamin benannt, denn es soll im Bereich der sexuellen Gesundheit und Leistungsfähigkeit wahre Wunder bewirken. Hinzu kommt noch in hohen Werten das Vitamin B2 vor, welches die Nerven schützt und regeneriert und als Antistress-Vitamin bekannt ist. In Fitnessstudios wird gerne mit Moringa-Shakes geworben, denn auch ein guter Proteinanteil in den Moringablättern soll zum Muskelaufbau entsprechend beitragen.

VERWENDUNG Moringa wird in Europa als getrocknetes Moringablattpulver lose gefüllt in Kapselform oder als Presslinge angeboten. Zudem gibt es Moringaöl, hergestellt aus den Samen. Am meisten wird das Pulver, das als Lebensmittel deklariert ist, genutzt. Es kann wie ein Gewürz über alle pikanten Speisen gestreut oder in sie integriert werden. Das Pulver ist ob seines Gehalts an Senfölglykosiden im Geschmack sehr intensiv, leicht scharf und schmeckt am besten in grünen Smoothies, Shakes oder herzhaft zubereiteten Speisen der Rohkostküche. (Rezept siehe Seite 83.)

Noni

Die Frucht des Nonibaums *(Morinda citrifolia)* ist auch unter dem Namen Indische Maulbeerfrucht bekannt. In Europa gibt es Noni als Saft oder als Pulver zu kaufen. Speziell im Superfood-Bereich werden dieser Pflanzenart aus der Gattung Morinda immunstärkende Eigenschaften zugeschrieben. In ihrer polynesischen Heimat wird die Noni-Frucht zu den 24 »Kanu-Pflanzen« gezählt. Das meint, dass bei den Urvölkern Polynesiens bei längeren Kanu-Reisen stets nahrhafte und besonders energiespendende Lebensmittel mitgenommen wurden – und dazu zählte eben auch dieses Super-Lebensmittel. Anbaugebiete und Vorkommen sind weltweit, so auch auf Hawaii, in Mittelamerika, der Karibik und auf Madagaskar.

AUSSEHEN Botanisch betrachtet ist die Noni-Frucht ein Fruchtverband aus Steinfrüchten. Sie strömt bei der Reife einen etwas strengen Geruch aus.

INHALTSSTOFFE Die Noni-Frucht enthält Proteine, Enzyme, die Vitamine C, E und K sowie Mineralstoffe und Spurenelemente. Die Wirksamkeit des Noni-Saftes sowie sein hoher Preis sind heftig umstritten. Deshalb wird maximal 1 Esslöffel pro Tag empfohlen. Die Europäische Kommission erteilte 2008 die Zulassung von Noni-Blättern und 2010 für Noni-Püree und Noni-Konzentrat als Novel-Food.

VERWENDUNG Den leicht bitter schmeckenden Saft einem Smoothie, in kleiner Portion, beimischen.

WAS IST NOVEL-FOOD?

Aus dem Englischen übersetzt heißt Novel Food neuartige Lebensmittel – und diese sind nach gesetzlicher Definition: »Lebensmittel, die vor dem Inkrafttreten der Novel-Food-Verordnung innerhalb der EU nicht in nennenswertem Umfang zum Verzehr in den Handel gebracht wurden. Dabei handelt es sich um bislang nicht verbreitete Lebensmittel aus anderen Kulturkreisen.«
Bevor also ein neuartiges Lebensmittel auf dem europäischen Markt eingeführt wird, muss dieses ein Zulassungsverfahren durchlaufen. Die Zulassung wird nur erteilt, wenn die Prüfung ergibt, dass das Produkt gesundheitlich unbedenklich ist, damit es sich auf Dauer bewähren kann.

Crazy **Chai-Matcha-Smoothie**

FÜR ETWA 500 ML

200 g Banane (etwa 1 Stunde
angefroren)
1 kleines Stück frischer Ingwer
1 Sternanis
250 ml Reis- oder Mandelmilch
1 Messerspitze gemahlener
Zimt
½ TL Matchapulver
1 Messerspitze gemahlener
Kardamom

**ZUBEREITUNGSZEIT: 10 Min.
plus 1 Stunde Anfrierzeit**

1 Die Banane schälen, in Stücke schneiden und für
1 Stunde in das Tiefkühlfach legen.

2 Den Ingwer schälen und fein reiben. Den Sternanis in
einem Mörser fein zerreiben.

3 Bananenstücke, Ingwer, Reis- oder Mandelmilch sowie
alle Gewürze in einen Standmixer geben.

4 Alle Zutaten kräftig aufmixen und pürieren. In zwei
Gläser füllen.

INFO Anstatt gemahlenem Kardamom ganze Samen verwenden. Diese
im Mörser zerreiben, sodass die ätherischen Öle ihren Duft freigeben.

Chai-Matcha-Latte

FÜR 1 PORTION

1 kleines Stück Sternanis
1 Messerspitze gemahlener
Kardamom
½ TL Matchapulver
50 ml Sojamilch
etwas Matcha- und Kakaopulver
(oder Carobpulver)

ZUBEREITUNGSZEIT: 15 Min.

1 Etwa 150 Milliliter Wasser aufkochen und etwas abkühlen lassen. Den Sternanis in einem Mörser fein zerreiben.

2 Kardamom mit Sternanis und Matchapulver mit dem
heißen (nicht kochenden) Wasser gründlich verrühren.

3 Sojamilch aufschäumen und löffelweise zur Teezuberei-
tung geben.

4 Zum Garnieren mit etwas Matcha- und Kakaopulver
(oder Carobpulver) bestäuben.

INFO Bekannt ist, dass die Menschen in Okinawa, Japan, sehr lange
leben. Dies wird auch mit auf den regelmäßigen Konsum von Matchatee
zurückgeführt. In Bezug auf den Gehalt an Antioxidanzien entspricht ein
Glas Matchatee 10 Teegläsern normalen grünen Tees.

Kokos-Smoothie mit **Mesquite**

1 Die Banane schälen, in Scheiben schneiden und für 1 Stunde im Gefrierschrank anfrieren lassen.

2 Die Datteln entkernen und klein schneiden. Alle Zutaten in einem Standmixer kräftig aufmixen und pürieren.

TIPP Auch mit Mandel-, Nuss- oder Reismilch lässt sich schnell ein energiespendender Shake herstellen. Einfach etwas Mesquite mitmixen.

INFO Das aus getrockneten und gemahlenen Mesquitesamen gewonnene Mesquitepulver verleiht den Speisen einen süßen Geschmack. Maca hält wach und unterstützt die Leistungsfähigkeit.

FÜR ETWA 500 ML

1 große reife Banane
3–4 Datteln
Saft von 2 Orangen
1 TL Mesquitepulver
½ TL Macapulver
250 ml Kokosmilch (Tetra Pak oder Dose)
2–3 Eiswürfel

ZUBEREITUNGSZEIT: 5 Min. plus 1 Stunde Anfrierzeit

Shake-it-Moringa-Super

1 Die Gurke waschen und ungeschält belassen. Den Apfel waschen, Kerngehäuse entfernen und das Fruchtfleisch in grobe Stücke schneiden. Die Banane schälen und in Stücke schneiden. Die Kiwi schälen und vierteln.

2 Alle Zutaten mit etwa 200 Milliliter Wasser in einen Standmixer geben, kräftig aufmixen und pürieren. Zum Schluss das Moringapulver unterziehen.

INFO Moringa unterstützt die Körperfunktionen auf mehreren Ebenen. Zum einen werden das Immunsystem sowie Leber und Nieren gestärkt und zum anderen die Haut verschönert und geschmeidig gemacht.

FÜR 2 PORTIONEN

½ Salatgurke
1 Apfel (z. B. Granny Smith)
1 reife Banane
1 Kiwi
1 TL Moringapulver

ZUBEREITUNGSZEIT: 10 Min.

Nüsse

Nüsse gelten als Brainfood und Jungbrunnen. In allen Nüssen sind Vitamine enthalten, die als nervenstärkend, kraftspendend und schönmachend gelten. So schützt das in ihnen enthaltene Vitamin E die Gefäße im Gehirn und wirkt gegen Entkalkung, gilt Vitamin A als Gesund- und Jungbrunnen für die Schönheit, wirkt Vitamin B als Nerven-Vitamin und verbessert Reaktionsfähigkeiten sowie die Motorik. Reichlich enthaltenes Kalzium wird für Knochen und Zähne benötigt, wirkt aber auch als Nervenreizübertragung in allen Nerven- und Gehirnzellen. Generell dienen alle Nüsse der geistigen Leistungssteigerung – jedoch in natürlicher, unbehandelter Form und nicht weiterverarbeitet als Schoko- und Zuckernüsse oder pikant mit Zusatzstoffen.

WALNUSS Eine Walnusshälfte erinnert an das Aussehen eines menschlichen Gehirns. Interessanterweise sind Walnüsse (*Juglans regia*) auch die beste Nahrung für unseren Kopf, weil sie über einen sehr hohen Anteil an Omega-3-Fettsäuren sowie Omega-6-Fettsäuren, verschiedenen Spurenelementen und Linolsäuren verfügen. Die Walnuss verfügt zudem über einen sehr hohen Anteil an Lecithin, welches im Gehirn in Acetylcholin umgewandelt wird und der bedeutendste Neurotransmitter im Nervensystem ist. Wenn es also um Kopfarbeit, um Konzentration geht, dann ist der Griff zu Walnüssen die beste Empfehlung.

ERDNUSS Die auch Kamerun- oder Aschantinuss genannte Erdnuss (*Arachis hypogaea*) ist botanisch gesehen keine Nuss, sondern eine Hülsenfrucht. Sie wird aber ob ihrer Konsistenz, der Beschaffenheit des Samens (Kern) sowie des hohen Fettanteils als solche gehandelt. Im englischen Wort »Pea-Nut« wird auf die Erbsen-Nuss hingewiesen. Diese kleinen Kernhälften verfügen mit über 24 Prozent Eiweißgehalt über einen hohen Nährwert und zählen mit ihrem Magnesiumgehalt zu den magnesiumreichen pflanzlichen Nahrungsmitteln.

CASHEW Der immergrüne Cashew- oder Kaschubaum (*Anacardium occidentale*) wächst im tropischen Klima. Hauptanbaugebiete sind Brasilien, Afrika, Asien und vor allem Indien. Die gelb-orangen Cashewäpfel haben einen Fortsatz, die nierenförmige Cashewfrucht, die Kerne enthält. Um diese rohen Cashewkerne aus der Fruchtschale zu bekommen, werden die Früchte im Ganzen über Öl geröstet. Cashews stellen zu oft würzig intensiven Nüssen durch ihren milden, leicht süßlichen und etwas buttrigen Geschmack eine gesunde Knabber-Alternative dar. Speziell in der Rohkost-Szene und bei Veganern werden Cashews viel verwendet, auch eingeweicht, um Grundlagen für pürierte Speisen in der Pflanzenkost zu variieren. Der hohe Magnesiumgehalt sowie der Anteil an der essenziellen Aminosäure Tryptophan, welches einen wichtigen Nährstoff bei der Produktion des Neurotransmitters Serotonin darstellt, macht Knabbern zu einem Gesundbrunnen. 100 Gramm entsprechen 571 Kilokalorien.

MACADAMIA Die bis zu 18 Meter hoch wachsenden Macadamiabäume bringen Balgfrüchte hervor, die beim Reifen zwar aufplatzen, aber dann Samen enthalten, die von einer sehr

harten Schale umgeben sind. Essbar sind zwei Arten der Macadamianuss, *Macadamia integrifolia* und *Macadamia tetraphylla*. Als »Königin der Nüsse« wird sie nicht nur wegen ihres feinen Geschmacks bezeichnet, sondern weil sie die teuerste Nuss der Welt ist. Das liegt am schwierigen Anbau, der komplizierten Weiterverarbeitung und der starken Nachfrage. In den Handel kommt die kugelige Nuss fast ausschließlich geschält, weil die harte Schale sogar gängigen Nussknackern zu schwer zum Knacken ist. Ernährungstechnisch enthält die Macadamia hochwertiges Fett in Form von ein- und mehrfach ungesättigten Fettsäuren sowie Vitamin B, Kalzium, Eisen und Phosphor. 100 Gramm entsprechen 718 Kilokalorien, im Vergleich dazu haben 100 Gramm Erdnüsse 586 Kilokalorien.

Gemischter **Nussaufstrich**

1 Alle Zutaten in einen Hochleistungsmixer geben, langsam starten und dann bei höherer Geschwindigkeit die Nüsse fein pürieren und alles gut vermischen.

2 Den Nussaufstrich in ein Schraubglas füllen und im Kühlschrank aufbewahren.

INFO Der Nussaufstrich hält sich mehrere Wochen im Kühlschrank.

TIPP Je nach Belieben nur eine Nusssorte verwenden und auch anstatt Kokosöl einfaches Pflanzenöl wählen. Den Kokosblütenzucker (siehe Seite 65) durch Agavendicksaft oder Honig austauschen.

FÜR 1 SCHRAUBGLAS

200 g gemischte, naturbelassene Nüsse (Walnüsse, Haselnüsse, Cashews)

2 EL Kokosöl

1 EL Kokosblütenzucker

2 EL rohes Kakaopulver

1 Prise gemahlener Zimt

ZUBEREITUNGSZEIT: 10 Min.

Sellerie-**Nuss-Salat**

250 g Sellerieknolle

2 kleine Äpfel

Saft von ½ Bio-Zitrone

50 g Mayonnaise (oder Veganaise)

250 g Joghurt (oder Sojajoghurt)

2 Bio-Orangen

50 g gemischte fein gehackte Nüsse (Cashew, Macadamia, Walnüsse)

Salz, schwarzer Pfeffer

Blätter von 1 Salatherz

Walnusshälften zum Garnieren

ZUBEREITUNGSZEIT: 20 Min.

1 Sellerieknolle und Äpfel putzen und schälen. Beides in kleine Würfel oder Streifen schneiden und mit Zitronensaft beträufeln. Mayonnaise mit Joghurt verrühren und die vorbereiteten Zutaten unterziehen.

2 Die Orangen waschen, schälen, eine in kleine Würfel und die zweite in Filets schneiden. Die Orangenwürfel sowie die gehackten Nüsse unter den Salat mischen. Mit Salz und Pfeffer würzen.

3 Die Salatblätter waschen, trockenschwenken und auf zwei Teller verteilen. Den Salat darauf anrichten, mit Walnusshälften und mit Orangenfilets garnieren.

TIPP Zusätzlich mit frisch gehackten Kräutern und Cayennepfeffer vollenden.

Walnuss-Bratäpfel

50 g Dörrpflaumen

etwa 3 cm Ingwerwurzel

1 EL Honig (oder Ahornsirup)

Saft von ½ Bio-Zitrone

50 g gehackte Walnüsse

1 EL zimmerwarme Butter (oder Sojasahne)

2 große Äpfel (z. B. Boskop)

4 EL Apfelsaft

1 Prise gemahlener Zimt

ZUBEREITUNGSZEIT: 30 Min.

1 Den Backofen auf 200 °C (Umluft 180 °C, Gas Stufe 3–4) vorheizen. Die Dörrpflaumen klein würfeln. Den Ingwer schälen und fein hacken. Pflaumen und Ingwer mit Honig, Zitronensaft, Walnüssen und Butter verrühren.

2 Die Äpfel waschen und mit einem Rundausstecher das Kerngehäuse großzügig entfernen. Die vorbereitete Mischung einfüllen. Die gefüllten Äpfel in eine Auflaufform oder in einen Bräter stellen. Die Äpfel mit Apfelsaft beträufeln.

3 Die Form auf die mittlere Schiene in den Backofen stellen und die Äpfel in etwa 25 Minuten backen. Herausnehmen, mit Zimt bestäuben und servieren.

Quinoa

Noch vor einigen Jahren war Quinoa *(Chenopodium quinoa)* in Europa weitgehend unbekannt, erst mit der zunehmenden Vegan-Szene kam dieses Pseudogetreide in unseren Bio-Geschäften, Drogerien und vegetarischen/veganen Supermärkten an. Quinoa ist nun in deutschsprachigen Ländern auch unter den Namen Inkareis, Andenhirse, Perureis, Reismelde oder Inkakorn bekannt. Die uralte Körnerfrucht der Inkas geriet außerhalb Südamerikas lange Zeit in Vergessenheit. Erst ein Bericht der NASA machte 1993 auf das Lebensmittel aufmerksam. Es wurde vorgeschlagen, Quinoa aufgrund der hohen Eiweißwerte sowie des außerordentlichen Nährwerts für die Nutzung von Raumstationen zu verwenden. Quinoa kann wie Reis in herzhaften Menüs Platz finden, schmeckt genauso gut aber auch mit Obst.

AUSSEHEN Die einjährige Krautpflanze, die bis zu 1,5 Meter hoch werden kann, wächst in den Anden, auf Höhen bis über 4000 Metern, wo Mais und Gerste nicht mehr gedeihen können. Es ist eine uralte Kulturpflanze aus Südamerika, die hauptsächlich in Peru, Bolivien und Ecuador als Hauptnahrungsmittel, zusammen mit Amaranth, angebaut wird. Die grünen Blätter sind essbar, in den Export kommen die etwa 2 Millimeter kleinen Nussfrüchte, die vorher getrocknet werden.

Familie der Fuchsschwanzgewächse ist und kein Klebereiweiß Gluten enthält. Tatsächlich wird Quinoa als Reisersatz oder -variante angesehen, denn es lässt sich wie dieser zubereiten. Zudem wird es bei Zöliakie – für Menschen mit Glutenunverträglichkeit – als vollwertiges Getreide empfohlen. Vor allem in der veganen Ernährung bietet Quinoa eine gute Eiweißquelle und enthält alle wichtigen essenziellen Aminosäuren. Besonders erwähnenswert ist auch der hohe Eisen- und Magnesiumgehalt.

INHALTSSTOFFE Die Bezeichnung »Pseudogetreide« erklärt sich daraus, dass Reismelde nicht – wie alle Getreidearten – zur botanischen Gattung der Süßgräser gehört, sondern eine Pflanzenart aus der Gattung der Gänsefußgewächse in der

VERWENDUNG Es gibt Quinoasamen pur zum Kochen. Des Weiteren hat sich der Quinoa-Markt allerlei neue Produkte einfallen lassen, wie Quinoa-Cerealien, -Flocken, -Pops – pur oder crispy –, zugesetzt in Backwaren oder in Fertiggerichten.

AMARANTH

Amaranth (*Amaranthus caudatus*), feinkörniger Samen, auch Amarant geschrieben, ist der Hirse nicht unähnlich. Weltweit gibt es über 70 Arten in der Pflanzengattung Amaranthus, davon die meisten in Amerika. Es handelt sich wie auch bei Quinoa um ein Pseudo-Getreide, glutenfrei, als pflanzliches Erzeugnis cholesterinfrei und wird überwiegend für Backwaren und Müsli verwendet. Speziell der hohe Gehalt an pflanzlichem Eiweiß und Eisen macht Amaranth so wertvoll.

Blue-Sky-Bowl mit **Quinoa**

FÜR 1 SCHALE

150 ml Hafermilch
2 EL Haferflocken
100 g frische Blaubeeren
1 kleine Banane
1 bis 2 EL Quinoa-Pops
(aufgepuffte Quinoa)
1 Löffel Müslimix

ZUBEREITUNGSZEIT: 5 Min.

1 Die Hafermilch mit den Haferflocken verrühren und über Nacht im Kühlschrank quellen lassen.

2 Blaubeeren waschen und auf Küchenpapier trocknen. Banane schälen und klein schneiden. Die Hafermilch in eine größere Portionsschale füllen, Banane und Blaubeeren untermengen und mit Quinoa-Pops und Müslimix bestreuen.

Weizengras

Ein Füllhorn an Vitaminen und Mineralstoffen liefern die jungen, bis zu 15 Zentimeter langen Gräser, die beim Keimen der Samen als Triebe aus Getreidekörnern sprießen. Grundlage für die verschiedensten Grassäfte bilden meist Weizenarten der Gattung *Triticum L.* innerhalb der botanischen Familie der Süßgräser *(Poaceae)* wie Weichweizen, Dinkel oder Kamut. Doch es wird auch Gerstengras *(Hordeum vulgare)* im Handel angeboten. Das grüne Gras gibt es als frischen Saft oder als Pulver zu kaufen. Getreidegras ist reich an Vitaminen, Mineralstoffen, Enzymen und Chlorophyll, weshalb der Genuss des frischen Safts einer basisch wirkenden Frischzellenkur gleichkommt. Grassäfte oder daraus hergestelltes Pulver gibt es fertig zu kaufen.

AUSSEHEN Der meist gras- oder giftgrüne Saft entsteht durch das Auspressen der Gräserpflänzchen, also vor dem Sprießen der ganzen Pflanze mit Ähre. Vielfach gibt es »Grassaft-Bars«, in denen mit speziellen Entsaftern saftig frische Gräser besser ausgequetscht werden können.

INHALTSSTOFFE Weizen- und Gerstengras ist reich an Eiweiß, Vitaminen, Mineralstoffen, Enzymen und Chlorophyll, weshalb der Genuss des frischen Safts einer basisch wirkenden Frischzellenkur gleichkommt. Die Gräser geben Menschen mit Glutenunverträglichkeit eine Möglichkeit, in den Genuss von Weizen zu kommen. Das intensive Grün der Gräser weist Höchstwerte an Chlorophyll aus, jener grüne pflanzliche Farbstoff, der antioxidativ wirkt.

VERWENDUNG Nach Verpackungsanweisung – ob Frischsaft oder Pulver – im Smoothie mitmixen. Man kann auch Weizengras selbst ziehen: Dazu Bio-Sprießkornweizen kaufen, diesen 1 bis 2 Tage keimen lassen, bis er Wurzeln schlägt, und dann in etwa 5 Tagen zu 10 bis 15 Zentimeter langen Gräsern wachsen lassen.

REZEPT: SMOOTHIE MIT WEIZENGRAS 2 Esslöffel getrocknete Gojibeeren mit dem Saft von 2 Bio-Orangen begießen und 15 Minuten einweichen lassen. In der Zwischenzeit 1 Banane schälen und 50 Gramm Babyspinat waschen. Alles zusammen mit 1 Esslöffel Weizengraspulver, etwa 200 Milliliter Wasser und 3 bis 4 Eiswürfeln in einem Mixer kräftig aufmixen und pürieren. Sofort genießen.

Zimt

Ein exotisches Gewürz, das wir lange nur aus süßen Backstuben kannten. Mit zunehmender Multi-Kulti-Küche kamen wunderbar schmeckende Fleisch- und Gemüsegerichte mit Zimtgeschmack auf den Tisch. Zimt wird zu den »wärmenden Gewürzen« gezählt, das heißt er bringt den Stoffwechsel in Bewegung und fördert die Durchblutung. Grund genung, in der Küche kreativ zu werden und Zimt auch für herzhafte Speisen als abrundendes Gewürz zu verwenden. So kann man für 2 Portionen Zimtkürbis 500 Gramm geschältes Kürbisfruchtfleisch klein schneiden, auf ein Backblech mit Backpapier legen, mit 2 Esslöffel Olivenöl bestreichen, mit ½ Teelöffel gemahlenem Zimt und Meersalz bestreuen und bei 200 °C (Umluft 180 °C, Gas Stufe 3–4) im vorgeheizten Backofen etwa 25 Minuten garen.

AUSSEHEN Die braune Rinde des Zimtbaumes wird getrocknet und als gerollte Stangen oder gemahlen angeboten. Aus der Rinde unter Zusatz von Zimtbaumblättern und kleineren -ästen wird auch das Zimtöl extrahiert. Im Gewürzhandel wird zwischen dem hochwertigen Echten Zimt, Ceylon-Zimt aus Sri Lanka (*Cinnamomum verum*), der sich beim Trocknen von beiden Längsseiten her einrollt, und dem etwas schärferen Zimtkassie (*Cinnamomum cassia*) mit minderer Qualität aus Indonesien, der sich von einer Längsseite einrollt, unterschieden.

INHALTSSTOFFE Zimt zählt zu den gesündesten Lebensmitteln der Welt und hat als Superfood einen der höchsten ORAC-Werte. Bereits bei der empfohlenen Menge von 1 Prise kommt man nicht nur zu leckerem würzigem Genuss, sondern auch an einen Reigen versorgender Mineralstoffe wie Kalium, Kalzium, Mangan, Eisen, Zink und Magnesium. Dazu liefert Zimt sehr gute Mengen an Vitamin A, Niacin, Pantothensäure und Pyridoxin. Zimt hilft auch beim Abnehmen, denn die wärmende Wirkung erhöht den Stoffwechsel und regt dadurch die Fettverbrennung an.

VERWENDUNG Müslis, Desserts, Shakes und Smoothies einfach mit einer extra Prise Zimt garnieren. Getrocknete Zimtblüten sowie Zimtstangen sind zum Mitkochen für Speisen zur Geschmacksgebung geeignet, nicht zum Verzehr., weshalb man sie wieder entfernen soll. Gemahlener Zimt wird mitgegessen, da er als Zutat in homöopathischen Dosen, Prisen, erfolgt.

Kartoffel-Steckrüben-**Puffer**

FÜR 2–3 PORTIONEN

Für das Birnen-Koriander-Mus

1 große Birne (z. B. Abate oder Williams)

Saft von ½ Bio-Zitrone

1 EL Ahornsirup

1 Stange Zimt

1 Gewürznelke

4 Stängel Koriandergrün (oder Kerbel, Petersilie)

Für die Puffer

500 g festkochende Kartoffeln

Meersalz

250 g Steckrüben

2 EL saure Sahne

1 TL Vollkornmehl

schwarzer Pfeffer aus der Mühle

5 EL Sonnenblumenöl

ZUBEREITUNGSZEIT: 35 Min.

1 Für das Mus die Birne waschen, schälen und putzen. Das Fruchtfleisch klein schneiden und mit Zitronensaft beträufeln. 125 Milliliter Wasser mit Ahornsirup, Zimt und Gewürznelke verrühren und aufkochen. Die Birnenstücke hinzufügen und bei mittlerer Hitze 5 bis 8 Minuten garen. Den Topf dann zur Seite ziehen.

2 Inzwischen für die Puffer die Kartoffeln waschen, schälen und fein raspeln. In eine Schüssel legen, mit Salz bestreuen und etwa 20 Minuten ziehen lassen.

3 Die Steckrüben waschen, schälen und ebenfalls auf einer Küchenreibe fein raspeln.

4 Die Kartoffelraspel fest ausdrücken. Mit den Steckrübenraspeln, saurer Sahne sowie Vollkornmehl vermischen, leicht mit Pfeffer würzen und zu einem Teig kneten.

5 Öl in einer beschichteten Pfanne erhitzen. Mit einem Löffel portionsweise Teig hineingeben, etwas platt drücken und anbacken lassen. Die Puffer wenden und bei mittlerer Hitze in 8 bis 10 Minuten knusprig fertig backen; in den letzten Minuten die Pfanne zudecken. Die Puffer einzeln auf Teller legen, mit Alufolie abdecken.

6 Zimtstange und Gewürznelke aus dem Birnensud entfernen und den Topfinhalt mit einem Mixstab grob bis fein pürieren, je nach Belieben.

7 Koriandergrün waschen, trockenschwenken, die Blättchen abzupfen, fein hacken und unter das Birnenmus ziehen. Nach Bedarf noch etwas süßen.

8 Die Puffer servieren und das Birnen-Koriander-Mus separat dazu reichen.

TIPP Dazu passt auch Ricotta-Zimt. Dafür 100 Gramm Ricotta mit gemahlenem Zimt und Ahornsirup nach Belieben verrühren und abschmecken. Mit etwas Zitronen- oder Orangenschale parfümieren.

Wraps mit **Zimt-Hack**

1 Den Feldsalat putzen, waschen und abtropfen lassen. Zwiebel und Knoblauch abziehen und fein würfeln.

2 Das Öl in einer Pfanne erhitzen und darin Zwiebel und Knoblauch anbraten. Das Hackfleisch hinzufügen und in etwa 5 Minuten krümelig braten. Mit Zimt, Cayennepfeffer, Salz und Pfeffer kräftig würzen. Die Pfanne beiseite ziehen und das Hackfleisch kurz abkühlen lassen.

3 Die Tortillas einzeln auslegen und Feldsalat darauf verteilen. Mit etwas Salz, Pfeffer und Zimt würzen und darauf das Hackfleisch verteilen. Jede belegte Tortilla fest aufrollen, in Alufolie wickeln und kurz ruhen lassen.

TIPP Nach Belieben die Tortillas zusätzlich vor dem Belegen mit Chili- oder Tomatensauce bestreichen.

FÜR 2 PORTIONEN

1 Handvoll Feldsalat
1 kleine Zwiebel
1 Knoblauchzehe
2 EL Pflanzenöl
250 g gemischtes Hackfleisch
1 kräftige Prise gemahlener Zimt
Cayennepfeffer
Salz
schwarzer Pfeffer aus der Mühle
2 Tortillas (Fertigprodukt)

ZUBEREITUNGSZEIT: 30 Min.

Süßkartoffel-Pommes mit Chili-Zimt

1 Den Backofen auf 220 °C (Umluft 200 °C, Gas Stufe 4–5) vorheizen und ein Backblech mit Backpapier auslegen.

2 Die Süßkartoffeln waschen, schälen und in etwa 1 Zentimeter dicke Stäbe schneiden. In einer großen Schüssel mit Pflanzenöl, Salz, Pfeffer und Chiligewürz vermengen.

3 Die gewürzten Pommes auf dem Backblech verteilen und in den vorgeheizten Backofen schieben. Die Garzeit beträgt etwa 25 Minuten.

4 Die heißen Pommes auf Teller verteilen und mit Zimt bestäuben. Noch heiß genießen.

FÜR 2 PORTIONEN

500 g Süßkartoffeln
1–2 EL Pflanzenöl
Salz, schwarzer Pfeffer
Chiligewürz
gemahlener Zimt

Außerdem
Backpapier

ZUBEREITUNGSZEIT: 35 Min.

Bekanntes aus dem Supermarkt

Die Vielfalt der Natur hält viele Arten an frischem Gemüse und frischen Früchten vorrätig, die ob ihres »Super-Innenlebens« als Superfoods zu bezeichnen sind. Ausschlaggebend sind dafür vor allem ihre Pflückfrische und Nährwerte sowie alle natürlichen Wirkstoffe wie Vitamine, Mineralstoffe, sekundäre Pflanzenstoffe inklusive wichtiger Ballaststoffe, die unser Immunsystem stärken und vor allem unterstützen. Nachfolgend kommt eine Auswahl, die Sie leicht im Supermarkt finden.

Avocado

Die Avocado-Frucht *(Persea americana)* wächst an bis zu 15 Meter hohen, immergrünen Bäumen, die zur botanischen Familie der Lorbeergewächse *(Lauraceae)* gehören. Die Avocado wurde bereits vor über 10.000 Jahren genutzt. Ausgehend von Zentralamerika wird die Avocado heute weltweit von den Philippinen über Südafrika, von Australien bis Kalifornien und sogar rund um das Mittelmeer kultiviert. Es gibt über 400 Sorten, die je nach Klima und Standort ihren Platz gefunden haben. Bei uns werden überwiegend die Sorten der grünschaligen, etwas größeren »Fuerte« und der eher schwarzschaligen kleineren »Hass« angeboten. Die cremige Beschaffenheit machte die Avocado zur »Butter der Veganer«. Sie lässt sich von süß bis pikant und höllisch scharf würzen.

AUSSEHEN Interessant ist die Namensgebung, denn die Heimat der Avocado liegt im Hochlandgebiet von Südmexiko und von ihren Ureinwohnern wurde die Frucht »Ahuacatl« benannt, was übersetzt Hoden heißt. Die Form einer Avocado kann je nach Sorte kleiner und rundlicher, auch kugelig oder größer, oval und birnenförmig sein. Auch was die Schale betrifft, gibt es glatte, dunkel- bis hellgrüne, leuchtend grüne mit Punkten, schwarze, auch mit etwas ledrigerer oder rauer Beschaffenheit.

INHALTSSTOFFE Die Avocado gehört neben der Olive zu den fettreichsten Fruchtarten, was ihr den Beinamen Butterfrucht eingebracht hat. Das Fett ist sehr gesund, denn die ungesättigten Fettsäuren können unter anderem einen zu hohen Cholesterinspiegel positiv beeinflussen. Es wird deshalb beim Brotaufstrich dazu geraten, tierische (cholesterinhaltige) Fette wie Butter oder Streichwurst, durch pflanzliche (cholesterinfreie) Fette wie Avocado auszutauschen.

GUTE NERVEN

Ein altes Sprichwort sagt, dass gute Nerven in Fett liegen müssten. Heute wissen wir, dass es auf das richtige Fett ankommt, welches aus ernährungsphysiologischer Sicht eindeutig die ungesättigten Fettsäuren meint. So ist das alte Sprichwort wieder modern wie eh und je und lässt sich gut auf die Avocado anwenden.

Mit ihrem Reichtum an dem Schönheitsvitamin A, dem Nervenvitamin B, dem Augenvitamin E und Carotinoiden bieten Avocados einen essbaren Wellness-Urlaub. Die Avocado wirkt von innen und außen wie Küchenkosmetik: wertvolle Inhaltsstoffe zum Verzehr und kostbares Öl zum Auftragen für die Haut.
Der Geschmack des cremigen Fruchtfleisches ist ziemlich neutral, eine Spur nussig und leicht fruchtig. Pro 100 Gramm Fruchtfleisch rechnet man mit 20 bis 25 Gramm Fett und bis zu 200 Kilokalorien, abhängig von der Sorte. Eine kleine Avocado mit etwa 200 Gramm irritiert zwar mit ihren über 400 Kilokalorien, die jedoch für die Gesundheit sowie für die Schönheit eine ideale Investition sind. Das Zauberwort heißt Lipase, ein Enzym in der Avocado, das die Fettverbrennung bei der Verdauung steuert und sogar beschleunigt. Dabei werden die wertvollen Inhaltsstoffe der Avocado im Körper positiv verwertet und gleichzeitig verhindert die Lipase das Speichern des Avocadofettes. Zudem macht der Verzehr einer Avocado lange satt und die Versorgung optimaler Vitamine sowie Mineralstoffe haben ihr auch den Zusatznamen Stresskiller eingebracht.

VERWENDUNG Ideal z. B. für Guacamole mit Tomate, Zwiebel, Salz, Limettensaft, Chili und Koriandergrün. Avocados reifen nicht vollständig auf dem Baum aus, sondern erreichen an der Pflanze nur die sogenannte Baumreife. Erst durch vorsichtiges Pflücken kommt der eigentliche Reifeprozess in Gang, da die Frucht 24 Stunden danach anfängt, das Reifungsgas Ethylen zu bilden,

VOR OXIDATION SCHÜTZEN

Sobald eine Avocado aufgeschnitten wird, sollte sie mit Zitronen- oder Limettensaft beträufelt werden, denn das Fruchtfleisch oxidiert relativ schnell an der Luft und färbt sich dunkel bis schwarz. Abhilfe schafft hier Ascorbinsäure in Form von Zitrussaft. Auch unterbindet das Einlegen des zuvor ausgelösten Kernes in die Zubereitung (z. B. Avocadomus) diesen Prozess.

welches das Gewebe dann zur Genussreife führt. Diese Tatsache erleichtert die Bestückung des Frischmarktes vor Ort, da die Früchte bis zu drei Wochen im Zustand der Baumreife am Baum gehalten werden können. Werden sie allerdings zu früh geerntet, hilft auch ein Nachreifen der Früchte nichts, sie bleiben dann hart und bilden weder Geschmack noch Aroma aus. Für den internationalen Transport werden Avocados ab einer bestimmten Größe gepflückt, damit sie auf der Reise sowie im Handel nachreifen können. So kann man sagen, dass eine Avocado zwischen Pflücken und Verkauf eine Reifedauer von bis zu 10 Tagen haben kann. Wer eine Avocado kauft, weiß, dass die Früchte nicht immer sofort verwendet werden können. Gibt ihr Fruchtfleisch auf Fingerdruck nach, ist es weich und verzehrfertig. Fühlt sie sich hart an, wickelt man sie bei Zimmertemperatur zum Nachreifen in Zeitungspapier.

Chips mit **Avocado-Käse**

1 Den Backofen auf 200 °C (Umluft 180 °C, Gas Stufe 3–4) vorheizen und ein Backblech mit Backpapier auslegen.

2 Die Kartoffeln waschen und mit Küchenpapier trockenreiben. Nicht schälen, sondern in knapp 1 Zentimeter dicke Scheiben schneiden und mit den Schnittflächen auf das Backblech legen. Mit Olivenöl bestreichen und mit Meersalz, Pfeffer sowie mit Cayennepfeffer würzen. Im Backofen in etwa 30 Minuten knusprig garen.

3 Das Koriandergrün waschen, trockenschütteln, von den Stielen zupfen und fein hacken. Die Zwiebel abziehen und fein hacken. Die Avocados schälen und das Fruchtfleisch mit Zitronensaft sowie mit Schafskäse mit einem Pürierstab pürieren. Zwiebelwürfel und Kräuter unterziehen. Mit Meersalz und Pfeffer würzen.

4 Die knusprigen Kartoffelscheiben auf einem Servierteller verteilen und löffelweise mit dem Avocado-Käse belegen.

FÜR 2 GROSSE PORTIONEN

500 g Kartoffeln
1 EL Olivenöl
Meersalz
schwarzer Pfeffer aus der Mühle
Cayennepfeffer
½ Bund Koriandergrün
1 kleine Zwiebel
2 reife Avocados (z. B. Sorte Hass)
Saft von ½ Bio-Zitrone
150 g Schafskäse (Weißkäse in Salzlake)

ZUBEREITUNGSZEIT: 40 Min.

Schoko-Avocado mit Fruchtspieß

1 Die Avocado schalen, den Kern entfernen und das Fruchtfleisch mit Zitronensaft in einen Mixer geben. Ahornsirup, Mandelmus, Kakaopulver und Sojasahne dazugeben und kräftig aufmixen.

2 Früchte nach Wahl in kleine Stücke schneiden und in die Sauce tunken.

FÜR 2 PORTIONEN

1 reife Avocado
Saft von ½ Bio-Zitrone
1 EL Ahornsirup
1 EL Mandelmus
1 EL ungesüßtes Kakaopulver
100 g Sojasahne
Zum Dippen
Mango, Papaya oder Banane

ZUBEREITUNGSZEIT: 10 Min.

INFO Wichtig zu wissen: Erhitzen macht das Fruchtfleisch ungenießbar. Deshalb Avocados nie kochen, braten oder backen.

Blaubeeren

Heidelbeeren, wegen ihre Farbe auch Blaubeeren genannt, wachsen an kleinen Sträuchern, die zur Familie der Heidekrautgewächse *(Ericaceae)* gehören, leicht pflückbar am Boden. Keine andere Frucht hat in den vergangenen Jahren so viel Aufmerksamkeit im Gesundheitssektor als Radikalfänger gemacht, wie diese kleine blaue bis violette Superbeere, die vor wertvollen Inhaltsstoffen nur so strotzt. Das stark färbende Blau – das jeden vorherigen Genuss von Blaubeeren sichtbar im und am Mund erkennen lässt – wirkt sehr gesund. Grund dafür sind die enthaltenen Anthocyane, die entzündungshemmend und antioxidativ wirken und Heidelbeeren zu einem der gesündesten Lebensmittel überhaupt werden lassen, denn sie wirken gegen schädliche freie Radikale wie eine »Gesundheits-Feuerwehr«.

AUSSEHEN Zwischen Juli und September werden die meist schwarzblauen Beeren mit einem Durchmesser von maximal 1 Zentimeter angeboten. Hierbei handelt es sich um wilde Beeren *(Vaccinium myrtillus)*, die meist auch einen stolzen Preis kosten, denn sie sind rar geworden. Sie lassen sich nicht kultivieren und sind im Wildwuchs zu finden. Genau diese süßen Früchtchen mit ihrem dunklen Fruchtfleisch weisen aber den höchsten Anteil an Anthocyanen auf – im Vergleich zu den Kulturheidelbeeren. Kulturheidelbeeren *(Vaccinium corymbosum)* erkennt man am hellen Fruchtfleisch. Es sind Züchtungen, die nicht von der europäischen Blaubeere abstammen, sondern von nordamerikanischen Waldbeeren. Beim Kauf von frischen Kulturheidelbeeren gilt es zudem abzuwägen, ob Ursprungsländer wie etwa Ecuador Frische und Ökobilanz gewährleisten.

VERWENDUNG Möglichst frische saisonale Heidelbeeren aus Wildwuchs kaufen, gut waschen und frisch genießen oder zur Vorratshaltung einfrieren. Für einen Smoothie einfach eine Portion aus dem Gefrierschrank direkt in den Standmixer geben. Die vollreifen blauen Kugeln schmecken intensiv würzig-säuerlich-süß. Sie sollten möglichst am Pflück- oder Einkaufstag verbraucht werden, da sie nur kurz im Kühlschrank lagerfähig sind.
Für die Weiterverarbeitung zu Kuchen, Eis oder Milchmischungen sind die Kulturheidelbeeren am besten geeignet. Zusammen mit Milch, Joghurt, Sahne – als Dessert püriert, in Cremes versunken und geschichtet – oder einfach frisch genossen, sind sie ein gesunder Genuss.
Die gesundheitlichen Wirkungen wilder Blaubeeren kommen vollends nur zum Ausdruck, wenn diese roh, frisch und nicht

weiterverarbeitet verzehrt werden. Sie würden auch ob ihrer hohen Anteile von Anthocyanen sowie Pektinen bei der Zubereitung mit Milchprodukten leicht ausflocken. Vorsicht beim Hantieren, denn der stark färbende Saft lässt sich schwer entfernen.

Blaubeeren **mit Minzöl**

1 Für das Minzöl die Minzeblättchen nach Bedarf waschen und trockenschwenken. Fein hacken und mit Olivenöl und Zitronensaft verrühren.

2 Die Blaubeeren verlesen, waschen und auf Küchenpapier abtropfen lassen. Das Minzöl als Dressing untermischen.

TIPP Dies ist ein Superpower-Snack, der erfrischend schmeckt und alle freien Radikale »in die Wüste schickt«.

FÜR 1 PORTION

1 kleine Handvoll Minzeblättchen
1 EL Olivenöl
1 Spritzer Zitronensaft
200 g Blaubeeren

ZUBEREITUNGSZEIT: 10 Min.

Blaubeerküchlein

1 Backofen auf 200 °C (Umluft 180 °C, Gas Stufe 3–4) vorheizen. Tassen mit Butter ausfetten.

2 Blaubeeren waschen und auf Küchenpapier abtropfen lassen. Pfirsich blanchieren, kalt abschrecken und häuten, das Fruchtfleisch in dünne Spalten schneiden. Blaubeeren und Pfirsichspalten in den Tassen verteilen.

3 Mit einem Handrührgerät Butter, Zucker und Ei cremig rühren. Mehl mit Backpulver versieben und abwechselnd mit der Milch einrühren, bis ein lockerer Teig entsteht. Den Teig über die Früchte verteilen, die Tassen in den Backofen stellen und die Küchlein etwa 30 Minuten backen. Lauwarm genießen, Rest auf Vorrat einfrieren.

FÜR 4 OFENFESTE TASSEN (à 250 ml)

250 g Blaubeeren
1 großer Pfirsich
100 g zimmerwarme Butter
100 g Zucker
1 Ei
100 g Mehl
1 TL Backpulver
100 ml Milch

Außerdem
Butter für die Tassen

ZUBEREITUNGSZEIT: 1 Stunde

Datteln

Die Dattel-Frucht wächst auf über 15 Meter hohen Palmen *(Phoenix dactylifera)*, die keinen anspruchsvollen Boden benötigen. Vielmehr brauchen diese »Bäume der Wüste« viel Sonne und Wasser. Die größten Dattel-Produzenten sind Ägypten und vor allem der Nahe Osten. Der Anbau erfolgt in Palmengärten. Die Dattelpalmen haben eine Nutzung von über 80 Jahren; dabei ist es interessant zu wissen, dass pro Palme ein Ertrag von bis zu 100 Kilogramm erzielt werden kann, allerdings pro Palme nur alle zwei Jahre. In den Genuss von frischen Datteln kommt man bei uns vor allem in der Zeit zwischen September und Januar. Der Zuckergehalt beträgt durchschnittlich über 60 Prozent, je nach Dattelsorte.

AUSSEHEN Die bräunlich länglichen Früchte mit innerem Kern heißen ob ihrer natürlichen Süße sowie der entsprechend konzentrierten Energie Brot der Wüste. Durch Züchtungen sind viele Sorten weltweit auf dem Markt. Farbe und Aussehen können von Goldgelb, Hellbraun bis Dunkelbraun reichen. Jedes Produktionsland hat seine eigenen Sorten, wobei diese in weiche, halbtrockene und trockene Sorten eingeteilt werden. In den Export kommen überwiegend halbtrockene Sorten mit dünner Fruchthaut und saftigem Fruchtfleisch. Als Königin der Datteln wird die fleischig dicke Medjool genannt, dicht gefolgt von der französischen Muskatdattel Deglet Nour, der Berber-Dattel und der Siar-Dattel.

INHALTSSTOFFE Die nährstoffreichen Früchte mit geringem Fett- und Eiweißanteil enthalten hauptsächlich Kohlenhydrate in Form von Zucker. 100 Gramm Datteln entsprechen etwa 280 Kilokalorien, je nach Sorte. Die gehaltvolle Frucht gibt nicht nur gute Energie, sondern wirkt auch beruhigend. Das liegt am Gehalt der Aminosäure Tryptophan, welche im Körper das Hormon Melatonin fördert, das für einen erholsamen Schlaf zuständig ist.

VERWENDUNG Möglichst Bio-Ware kaufen und diese, in Zeitungspapier gehüllt, im Kühlschrank aufbewahren. Frische Datteln sind so bis zu einer Woche lagerfähig. Das ganze Jahr über bieten getrocknete Datteln die Alternative als idealer Snack bei sinkenden Leistungskurven, etwa bei langen Wanderungen oder im stressigen Büroalltag. Verantwortlich dafür sind der hohe Anteil an Magnesium, Kalzium, Phosphor und leicht verdaulichem Fruchtzucker.

SUPERFOOD KOMPAKT

Datteln entkernen, je eine Mandel einlegen und in mit Zitronensaft und Pfeffer gewürztes Avocadomus dippen. Dank dieser vier Komponenten kann jede neue Herausforderung kommen: Die Avocado liefert das Schönheitsvitamin A, der Zitronensaft das Vitamin C, die Mandel das Kalzium und die Dattel das Nervenvitamin B.
Wer es eher süß mag, der füllt etwas Rohmarzipan in eine Dattel und verschließt diese mit einer Walnusshälfte.

Mandel-Dattel-Drink

FÜR 1 GLAS

5 getrocknete Datteln
200 ml Mandelmilch (vegan)
Saft und Abrieb von
1 Bio-Orange
ZUBEREITUNGSZEIT: 5 Min.

Die Datteln entkernen und klein schneiden. Mit Mandelmilch, Orangensaft und -abrieb mit einem Stabmixer pürieren.

TIPP Ideales »Doping« bei einem Nachmittagstief – oder um morgens in Schwung zu kommen.

Fingerfood-Datteln

FÜR 10 BIS 12 STÜCK

100 g weicher Ziegenkäse
1 TL Olivenöl
1 EL frisch gehackte Petersilie
1 EL gehackte ungesalzene Pistazien
Salz
schwarzer Pfeffer aus der Mühle
Cayennepfeffer
10–12 Datteln
ZUBEREITUNGSZEIT: 15 Min.

1 Ziegenkäse mit Olivenöl cremig rühren. Petersilie und Pistazien untermischen und alles mit Salz, Pfeffer und nach Belieben mit 1 Prise Cayennepfeffer würzen.

2 Die Datteln längs aufschneiden, die Kerne entfernen und mit einem Teelöffel die Käsecreme einfüllen.

INFO Datteln lassen sich auch als Tee zubereiten. Ein Rezept sieht vor, 3 getrocknete Datteln, 2 getrocknete Feigen in 1 Liter Wasser für 10 Minuten zu kochen. Der entstandene Tee wird bei Husten empfohlen.

Granatapfel

Beim Granatapfel befinden sich, gut geschützt unter einer eher harten Schale, sehr viele rubinrote kleine Perlen, die in Hautsegmenten bzw. weißen Trennhäutchen stecken. Es sind Kerne mit Fruchtfleisch, die säuerlich und auch leicht bitter mit einer leichten Süße schmecken. Eben mal kurz in diese Frucht reinbeißen ist nicht möglich, weil die Schale nur mit Handarbeit schwerlich zu öffnen ist. Der Granatapfel oder Grenadine *(Punica granatum)* wächst an Sträuchern oder kleinen Bäumen, überwiegend in Vorderasien und im Mittelmeerraum. Diesem »Apfel« aus dem Nahen Osten wird nur Gutes zugeschrieben: Polyphenole – sekundäre Pflanzenstoffe, wie auch in Blaubeeren oder Preiselbeeren enthalten, – machen den Granatapfel zu einem Herzbeschützer und sind eine gute Verzehrempfehlung im Anti-Aging-Programm.

AUSSEHEN Die großen, fast wachsglatten, rötlich bis rotgelbschaligen Früchte bergen in ihrem Inneren mehrere durch weiße Trennwände geteilte Kammern, in denen sich Samen befinden, die jeweils mit einer beerenartigen Fruchtfleischhülle umgeben sind. Die Früchte sind mit ihrem Krönchen, das aus den Spitzen der Kelchblätter der Blüte besteht, hübsch anzusehen.

INHALTSSTOFFE 100 Gramm Granatapfelkerne entsprechen etwa 74 Kilokalorien, bestehen aus fast 80 Prozent Wasser, vielen Kohlenhydraten, wenig Eiweiß und Ballaststoffen. Ihr Gehalt an Kalium, Vitamin C, Kalzium und Eisen stärkt das Immunsystem. Auch mit großen Mengen von Flavonoiden wie Anthocyane punktet der Granatapfel, denn diese wirken gegen freie Radikale und sind stark entzündungshemmend etwa bei entzündlichen Gelenkerkrankungen.

VERWENDUNG Da die Schale hart und der Saft der roten Kerne stark färbend ist, gibt es verschiedene Methoden, die Frucht zu öffnen. So z. B. in Viertel einschneiden, die Krone abschneiden, die Frucht in eine Schüssel mit kaltem Wasser geben, sodass Wasser eindringen kann, die Viertel im Wasser auseinanderbrechen und die Kerne herauslösen. Abtropfen lassen und luftdicht verpackt im Kühlschrank aufbewahren. Frische Granatapfelkerne halten sich einige Tage im Kühlschrank und können immer spontan über ein Müsli oder einen Salat gestreut werden. Oder den Granatapfel in dicke Scheiben schneiden, möglichst auf Alufolie oder Zeitungspapier, und von den Scheiben die Kerne herausdrücken.

Granatapfel mit **Couscous**

1 Den Couscous in eine Schüssel rieseln lassen, mit etwa 200 Milliliter kochendem Salzwasser begießen und etwa 6 Minuten ziehen lassen.

2 Mit einer Gabel die Butter in Furchen nur locker unterziehen, damit sich keine Klümpchen bilden können.

3 Die Petersilie waschen, trockenschwenken, die Blättchen abzupfen und fein hacken. Die Tomaten waschen, vierteln, entkernen und in Würfel schneiden.

4 Den Granatapfel in 2 Zentimeter dicke Scheiben schneiden und aus jeder Scheibe die Kerne herausdrücken. Mit den Tomatenwürfeln, der Petersilie und dem Öl unter das Couscous mischen. Mit Salz und Pfeffer würzen.

FÜR 2 PORTIONEN

200 g Couscous
Salz
1 TL weiche Butter
½ Bund Petersilie
250 g Tomaten
1 Granatapfel
2 EL Olivenöl
Salz
schwarzer Pfeffer aus der Mühle

ZUBEREITUNGSZEIT: 30 Min.

Salat mit **Granatapfel** und **Pute**

1 Feldsalat verlesen, waschen und abtropfen lassen. Kirschtomaten waschen und je nach Größe halbieren. Granatapfel durchschneiden und die Kerne herauslösen.

2 Für das Dressing Honig, Senf, Essig und Olivenöl verrühren. Mit Salz und Pfeffer würzen.

3 Putenschnitzel in dünne Streifen schneiden und mit Salz und Pfeffer würzen. Öl erhitzen und darin die Fleischstreifen von allen Seiten 3 bis 4 Minuten kräftig braten.

4 Die vorbereiteten Salatzutaten mit dem Dressing vermengen und breitflächig auf zwei Teller verteilen. Die gebratenen Putenstreifen darauf anrichten.

TIPP Für einen Granatapfel-Booster die Kerne von 1 Granatapfel mit 200 Gramm Hüttenkäse vermischen und mit etwas Ahornsirup süßen.

FÜR 2 PORTIONEN

150 g Feldsalat
50 g Kirschtomaten
1 Granatapfel
200 g Putenschnitzel
1 EL Pflanzenöl
Für das Dressing
1 TL Honig
½ TL Dijon-Senf
1 EL Aceto balsamico
2 EL Olivenöl
Salz, schwarzer Pfeffer

ZUBEREITUNGSZEIT: 30 Min.

Kohlgemüse

Sämtliche Gemüsearten und -varietäten in der Pflanzengattung Kohl werden dem Gemüsekohl *(Brassica oleracea)* zugeordnet: Blumenkohl, Brokkoli, Grünkohl, Rosenkohl, Wirsing, Rot-, Spitz- und Weißkohl, Kohlrabi und Romanesco. Dabei ist ihr Aussehen alles andere als einheitlich: Von rund über spitz bis kraus, von Weiß über Grün bis Rötlich, von groß wie der Weißkohl bis klein wie der Rosenkohl sowie die verzweigten kleinen Röschen von Blumenkohl und Romanesco. Oder krause große grüne Blätter wie Grünkohl – das Trendgemüse aus den USA, das mit dem englischen Namen seiner Blätter »Kale« in Form von Chips statt Kartoffelchips für Furore sorgt.

INHALTSSTOFFE Kohl besteht generell aus etwa 90 Prozent Wasser, verdauungsfördernden Ballaststoffen, Mineralstoffen und Vitaminen. An erster Stelle punktet Vitamin C, und auch die Anteile von Vitamin B5, B6 und B1 sind enorm. Speziell Grünkohl, der als Superfood in aller Munde ist, weist das Provitamin A auf, zu dem auch Beta-Carotin gehört und das im Körper zu Vitamin A umgewandelt werden kann. Mit wenig Kalorien und antioxidativ wirkenden sekundären Pflanzenstoffen hat Grünkohl als »Kale« die Teller und Hochleistungsmixer von Supermodels erreicht, die ordentlich Werbung damit machen. Zudem sind Grünkohl sowie Rosenkohl in Sachen Eiweißgehalt Spitzenreiter unter dem Kohlgemüse. Das ist speziell für Menschen, die sich vegetarisch oder vegan ernähren eine gute Nachricht. Bei Brokkoli weist das weitgehend durchgängig dunkle Grün der Pflanze auf die hohe Sonnenbestrahlung und

letztendlich auf einen hohen Gehalt an Chlorophyll hin. Brokkoli ist Gesundheit pur, weil es »gebündeltes Sonnenlicht« gespeichert hat und zudem reich an sekundären Pflanzenstoffen wie Flavonoiden und Glucosinolate ist.

KALE Im Bereich Superfood steht Kale an erster Stelle, da es neue Züchtungen von Baby-Grünkohl gibt, die im Frühjahr und Sommer erntefrisch aus Bio-Gärten für die Zubereitung von Smoothies, für die Herstellung von Chips oder für Salate geliefert werden. Herkömmlichen Grünkohl gibt es im Herbst und Winter, wobei für den speziellen Geschmack immer der erste Frost abgewartet wird.

BROKKOLI Die »Brokkoli-Blume«, – Blütenknospen, die wie einzelne Röschen aussehen, mit jeweils einem Blätterkranz umgeben und

verzweigt mit dicken Stielen – wird in Deutschland zwischen Juni und Oktober aus heimischem Anbau angeboten. Im Sommer kann auf Wochenmärkten sogar weißer, gelber, violetter und schwarzer Brokkoli im Angebot sein. Wer starke Nerven haben will und einen erhöhten Vitaminbedarf hat, der sollte Brokkoli auf die Einkaufsliste setzen. Alle B-Vitamine und Eisen, die sogenannten Stresskiller, sind genauso vorhanden wie ein hoher Gehalt an Vitamin C. Auch »Knochenfestiger« könnte Brokkoli heißen, denn große Mengen an Kalzium und Vitamin K stärken die Knochen und bieten Prophylaxe gegen die Krankheit Osteoporose.

FERMENTIERTER KOHL Fermentierter Kohl gewinnt wieder neue Fans, ob mit asiatischem Kimchi (Weißkohl eingelegt mit Chili und Knoblauch) oder mit unserem altbewährtem Sauerkraut. Bei der eigenen Herstellung bedarf es nur sehr wenig: Fein gehobelten Weiß- oder Rotkohl mit Salz in ein spezielles Tongefäß einlegen, zusammenpressen, abdecken und mit viel Zeit warten, bis die Gärung einsetzt. Dabei werden die im Kohlgemüse befindlichen Milchsäurebakterien aktiviert, die den fermentierten Kohl zu einem bedeutenden probiotischen Lebensmittel machen. Auch das Vitamin B12 ist in rohem Sauerkraut vorhanden.

Sämtliche Kohlarten, insbesondere der Weißkohl, sind von allen Gemüsearten am längsten haltbar. In Schleswig-Holstein befindet sich das größte zusammenhängende Kohlanbaugebiet Europas.

Sauerkrautaufstrich mit Ingwer

FÜR 2 PORTIONEN

250 g rohes Sauerkraut
1 kleines Stück frischer Ingwer
100 g Sojajoghurt
Salz, Pfeffer

ZUBEREITUNGSZEIT: 10 Min.

1 Das rohe Sauerkraut in ein Sieb geben und mit den Händen gut ausdrücken. Das Sauerkraut fein hacken.

2 Ingwer schälen und fein reiben. Zusammen mit dem Sauerkraut und Sojajoghurt verrühren. Mit Salz und Pfeffer würzen.

TIPP Anstatt Brot einfach frische Ananasecken mit dem Aufstrich bestreichen.

Kalechips mit Curry

FÜR 4 PORTIONEN

500 g erntefrischer Grünkohl
4–5 EL Olivenöl
½ TL Currypulver
Meersalz
grob gemahlener Pfeffer

ZUBEREITUNGSZEIT: 50 Min.

1 Den Backofen auf 140 °C (Umluft 120 °C, Gas Stufe 1) vorheizen und ein Backblech mit Backpapier auslegen.

2 Grünkohl waschen und trockenschwenken. Die krausen Blätter in mundgerechte Stücke schneiden.

3 In einer Schüssel das kalte Öl mit Currypulver, Salz und Pfeffer verrühren. Den Grünkohl portionsweise darin schwenken und auf dem Backpapier verteilen.

4 Die Grünkohlblätter im Backofen auf der mittleren Schiene in etwa 40 Minuten zu »Kale« trocknen lassen.

TIPP Mit Kardamom, Zimt, Paprika, Chili und/oder Cayennepfeffer würzen. Die knusprig gebackenen Grünkohlchips halten sich luftdicht verpackt in einer Pausenbox 1 bis 2 Tage. Ideal zum Mitnehmen.

TIPP Um Grünkohlchips herzustellen, braucht man nicht auf den Grünkohl im Winter warten. Viele Bio-Gärtnereien bieten inzwischen eine neue Variante des Grünkohls an. Der »Grünkohl Baby-leaf« ist schon während der Sommermonate erhältlich und braucht nicht den ersten Frost wie herkömmlicher Grünkohl, um gut zu schmecken.

Rotkohlsalat mit Maulbeere

1 Den Rotkohl fein hobeln und in eine Schüssel geben. Mit frisch gepresstem Orangensaft und Olivenöl vermischen. Mit Salz und Pfeffer würzen.

2 Die Schüssel abdecken und den Rotkohl bei Zimmertemperatur etwa 20 Minuten etwas Saft ziehen lassen.

3 Die Maulbeeren klein schneiden und unter den Rotkohlsalat mischen.

INFO Maulbeeren gelten als Multitalent in der Superfoodszene. Beim Kauf auf Bio-Produkte achten. Wer Glück hat, pflückt sie vom Baum.

FÜR 1 PORTION

250 g roher Rotkohl
Saft von 1 Bio-Orange
1 TL Olivenöl
Salz
Pfeffer
2 EL getrocknete Maulbeeren

ZUBEREITUNGSZEIT 10 Min. plus Ruhezeit

Chili-Krautsalat

1 Die äußeren Blätter vom Weißkohlkopf entfernen. Den Kohlkopf vierteln. Nach Bedarf waschen, mit Küchenpapier trockentupfen und auf einem Gemüsehobel in dünne Streifen schneiden. In eine Schüssel geben, salzen und mit den Händen durchwirken.

2 Die Chilischoten waschen, nach Bedarf entkernen und fein würfeln. Die Möhre waschen und schälen, die Zwiebel abziehen und beides auf dem Gemüsehobel in Streifen schneiden.

3 Die Petersilie waschen, trockenschwenken, die Blättchen abzupfen und fein hacken. Die vorbereiteten Zutaten mit Weizenkeimöl, Orangen- und Zitronensaft unter den Weißkohl mischen.

4 Den Salat mit Folie abdecken und mindestens für 2 Stunden in den Kühlschrank stellen. Herausnehmen, durchmischen und mit schwarzem Pfeffer würzen.

TIPP Für dieses Rezept kann auch Rotkohl verwendet werden. Das Gemüse schmeckt die nächsten Tage nach Zubereitung noch besser.

FÜR 4–6 PORTIONEN

1 Weißkohlkopf
1 TL Salz
2 kleine rote Chilischoten
1 große Möhre
1 große Zwiebel
1 Bund Petersilie
5 EL Weizenkeimöl
Saft von 1 Bio-Orange
Saft von 1 Bio-Zitrone
schwarzer Pfeffer aus der Mühle, grob geschrotet

ZUBEREITUNGSZEIT: 30 Min. plus Marinierzeit

Brokkoli mit Erdnüssen

FÜR 2 PORTIONEN

500 g Brokkoli
3 EL Olivenöl
Salz
schwarzer Pfeffer aus der Mühle
50 g ungesalzene Erdnüsse

Nach Belieben
1 EL Orangensaft

ZUBEREITUNGSZEIT: 20 Min.

1 Den Brokkoli in Röschen teilen, waschen und abtropfen lassen. Den Strunk schälen und in dünne Scheibchen schneiden.

2 Olivenöl in einer Pfanne erhitzen und den Brokkoli darin von allen Seiten 5 bis 6 Minuten braten. Mit Salz und Pfeffer würzen.

3 Die Erdnüsse einstreuen. Nochmals abschmecken und nach Belieben mit Orangensaft beträufeln.

TIPP Statt Erdnüsse Walnüsse wählen und diese zuvor in einer erhitzten Pfanne ohne Öl anrösten.

Brokkoli-Rohkost auf Brot

FÜR 2 PORTIONEN

1 gelbe Paprikaschote
250 g Brokkoliröschen
1 Apfel (Braeburn oder Elstar)
2 EL Olivenöl
1 Messerspitze Dijon-Senf
1 Spritzer Zitronensaft
1 EL frisch gehackte Petersilie
2 große knusprige Brotscheiben
(Landbrot)

ZUBEREITUNGSZEIT: 15 Min.

1 Die Paprikaschote waschen, halbieren, entkernen und klein würfeln. Die Brokkoliröschen waschen, abtropfen lassen und klein schneiden. Den Apfel waschen, nicht schälen, entkernen und passend zur Paprikaschote schneiden.

2 Das Olivenöl mit Senf und Zitronensaft verrühren. Die Petersilie und alle vorbereiteten Zutaten zugeben und untermischen. Mit Pfeffer würzen.

3 Den Aufstrich auf die Brotscheiben verteilen. Nach Belieben in Portionsstücke schneiden.

TIPP Für einen rohen Brokkoliaufstrich 250 Gramm rohen Brokkoli waschen und die Röschen und den Strunk klein schneiden. Mit 3 Esslöffel Olivenöl in einem Standmixer cremig pürieren. 50 Gramm geraspelten Parmesan untermischen. Mit Salz und Pfeffer würzen. Nach Belieben frische Kräuter wie Petersilie und/oder Basilikum untermixen.

Leinsamen

Die Samen der Flachspflanze *(Linum usitatissimum),* deren Stängel auch zur Gewinnung von Fasern zur Herstellung von Tauen und Leinentextilien genutzt werden können, werden als Leinsamen bezeichnet. Je nach Sorte gibt es Samen mit gelber oder brauner Schale. Die sehr kleinen Samen schmecken leicht nussig und bestehen aus über 40 Prozent Fett. Im Handel sind Leinsamen ganz, geschrotet oder als Leinöl erhältlich. In der Naturheilkunde werden Leinsamen zur Linderung von Verdauungsproblemen genutzt. Ihr nussig und leicht süß schmeckendes Öl eignet sich gut für Salate oder zum Beträufeln von frischem Brot oder Gemüse.

AUSSEHEN Die alte Kulturpflanze Lein ist ein einjähriges Kraut von maximal 1 Meter Höhe, das erbsengroße Kapseln hervorbringt, die sechs bis sieben flache, eiförmige Samen in brauner oder gelber Farbe enthalten.

INHALTSSTOFFE Leinsamen bestehen aus je etwa 25 Prozent Eiweiß und Ballaststoffen und einem Großteil an Öl. Dieses Leinöl besteht aus über 50 Prozent Omega-3-Fettsäuren, die u. a. helfen, den Cholesterinspiegel positiv zu beeinflussen sowie die Konzentrationsfähigkeit zu erhöhen. Die kleinen ölhaltigen und sehr gesunden Leinsamen enthalten pro 100 Gramm etwa 530 Kilokalorien. Alles, was ein Superfood ausmacht, enthalten die gelben und braunen Samen: B-Vitamine, E-Vitamin, Mineralien und Spurenelemente wie Kalium, Mangan, Zink,

Kalzium, Eisen und Selen. Auch die vorhandenen sekundären Pflanzenstoffe, Lignane, schützen mit ihrer antioxidativen Wirkung vor freien Radikalen. Dieses kraftstrotzende Gesamtpaket hilft sogar beim Abnehmen, weil die Samen sehr aufquellen, lange satt machen und zudem lebenswichtige Vitamine und Mineralstoffe beinhalten. Sie steigern also das Sättigungsgefühl, reduzieren Heißhunger und fördern mit Omega-3-Fettsäuren die Fettverbrennung. Oder sind Probleme bei der Verdauung zu beheben, helfen die Ballaststoffe von Leinsamen, diese schonend zu regulieren. Allerdings sollte man dazu ausreichend Wasser trinken, damit die aufgequollenen Samen gut im Darm transportiert werden können. Leinsaat wird als natürliches Abführmittel genutzt, denn es befreit ohne schädliche Nebenwirkungen den Körper von Verstopfungen. Dabei wird das Leinöl den Samen vorgezogen, denn Leinöl hat eine stark abführende Wirkung.

VERWENDUNG Schnell eine kleine Handvoll Leinsamen übers Müsli gestreut, ob als ganze Samen oder geschrotet – das macht Gesundheitsprophylaxe aus. Es wird allerdings empfohlen, geschroteten Leinsamen zu verzehren. Zwar ist dieser nur 2 bis 3 Monate haltbar, aber die Aufnahme im Darm und die Verteilung der Nährstoffe ist besser. Die eher winzig kleinen Samen sind schwer zu kauen und kommen meist im Ganzen in den Verdauungstrakt und werden auch so wieder ausgeschieden. Eine andere Alternative ist, das Leinöl in den Speiseplan zu integrieren. Es ist allerdings schnell verderblich, am besten ein kleines Fläschchen kaufen und dieses nach dem Öffnen im Kühlschrank aufbewahren. Leinöl eignet sich nicht zum Erhitzen, sondern soll in homöopathischen Dosen, tropfenweise, einem Smoothie, einem Saft oder einem Müsli beigemischt werden.

Da Leinöl innerhalb von drei Wochen verbraucht werden sollte, gibt es Anbieter, die auf Bestellung frisch pressen.

Fruchtjoghurt mit **Leinsamen**

Die Früchte schälen und in kleine, mundgerechte Stücke schneiden. Mit Joghurt vermischen, in zwei Portionsschalen verteilen und mit Leinsamen bestreuen.

TIPP So werden zwei große Müsliportionen daraus: Je 100 Gramm geschroteten Hafer und Weizen in einer Schüssel vermischen, mit etwa 200 Milliliter kaltem Wasser begießen und am besten über Nacht quellen lassen. Das Obst und die Leinsamen erst kurz vor dem Verzehr dazugeben.

FÜR 2 PORTIONEN

- 1 saftige Mango
- 1 Apfel
- 1 Banane
- 300 g Naturjoghurt
- 2 EL Leinsamen (ganz oder geschrotet)

ZUBEREITUNGSZEIT: 10 Min.

Papaya

Die Heimat dieser Frucht ist Südamerika. Der Papaya- oder Melonenbaum *(Carica papaya)* gehört zu den Melonenbaumgewächsen und wurde von den spanischen Seefahrern bereits im 16. Jahrhundert aus Mexiko mitgenommen und auf den Philippinen angepflanzt. Heute ist die Papayapflanze weltweit in tropischen und subtropischen Gebieten zu finden. Alle Teile der Pflanze enthalten das eiweißspaltende Enzym Papain, welches auch die Fettverbrennung ankurbelt. Es wirkt verdauungsregulierend und hilft die Darmgesundheit zu erhalten. Süßlich frische Papayastücke schmecken am besten mit Zitronensaft beträufelt zum Wachwerden am Morgen – oder als Snack mit süß-saurer Chilisauce.

AUSSEHEN Die meist grünlich bis gelb aussehenden Früchte mit ihrem orangefarbenen Fruchtfleisch sowie den schwarzen kleinen Kernen haben unterschiedliche Größen. Meist sind die handlichen, etwa 500 Gramm schweren Papayas aus Brasilien oder Hawaii im Handel, es gibt aber auch Früchte mit einem Gewicht von 1 bis zu 6 Kilogramm, die oftmals als aufgeschnittene Hälften angeboten werden.

INHALTSSTOFFE Die kleinen, schwarzen, leicht pfeffrig-würzig schmeckenden Kerne können mitgegessen werden – allerdings nur in sehr geringen Mengen, da sie auch abführend wirken. 100 Gramm Fruchtfleisch enthalten nur 32 Kilokalorien, weshalb sich Papaya als Super-Schlankfood mit viel Vitamin C, das zudem den Stoffwechsel auf Trab bringt, eignet.

VERWENDUNG Am besten beim Kauf einer Papaya an der Frucht riechen, sie soll süßlich nach einer Mischung aus Aprikosen und Melonen duften und sich bei Fingerdruck nicht hart, sondern weich anfühlen. Sollte eine Papaya noch unreif sein, kann man sie ein paar Tage, in Zeitungspapier gewickelt, bei Zimmertemperatur nachreifen lassen. Wenn sie dann dennoch für den rohen Verzehr nicht süß genug ist, kann sie klein geschnitten in einem bunten Salat mit würzigem Dressing gut Platz finden.

Große Papaya-Exemplare können auch, wie Zucchini oder Kürbis mit Hackfleisch oder Gemüse gefüllt, im Backofen mit Käse überbacken werden.

In den Anbauländern dienen die frischen Blätter zuweilen als Zartmacher für Fleisch (meat tenderizer). Dafür wird das Fleisch vor der Zubereitung für 2 Stunden in Papayablätter eingewickelt und dann kurz abgewaschen.

PAPAYAKERNE

In Bioläden oder Drogerien werden getrocknete Papayakerne angeboten, die allerdings so teuer sind, dass die Empfehlung gilt, einfach frische Früchte zu kaufen und die enthaltenen Papayakerne selbst zu trocknen. Dazu einfach die Kerne mit Küchenpapier von Fruchtresten säubern, auf ein mit Backpapier ausgelegtes Backblech verteilen und bei 50 °C im Backofen etwa 2 Stunden trocknen lassen. Luftdicht in ein Schraubglas füllen und bei Gelegenheit ein paar über ein Müsli streuen oder einfach zwischendurch knabbern.

Möhre-**Papaya-Drink**

FÜR ETWA 500 ML

1 kleine Papaya
1 Banane
Saft von 1 Bio-Orange
200 ml Möhrensaft (ungezuckert)

Nach Belieben

1 TL Papayakerne
2–3 Eiswürfel

ZUBEREITUNGSZEIT: 10 Min.

1 Die Papaya schälen, halbieren, Kerne herauslösen und das Fruchtfleisch klein schneiden. Die Banane schälen und in Scheibchen schneiden.

2 Papaya, Banane, Orangen- und Möhrensaft sowie nach Belieben einige Papayakerne und Eiswürfel in einen Standmixer geben. Kräftig aufmixen und pürieren.

TIPP Noch cremiger wird das Getränk, wenn die klein geschnittenen Fruchtstücke 1 Stunde im Tiefkühlfach angefroren werden.

Papaya mit Hanf

FÜR 2 PORTIONEN

1 kleine reife Papaya
Saft von 1 Limette
1 TL Hanfsamen

ZUBEREITUNGSZEIT: 5 Min.

Papaya schälen, entkernen und in kleine Stücke schneiden. Mit Limettensaft beträufeln und mit Hanfsamen bestreuen.

TIPP Die Wirkung des in der Papaya enthaltenen Papains wird durch den Limettensaft unterstützt. Das Ergebnis ist eine Vitamin-C-Bombe, die den Stoffwechsel ankurbelt. Die Hanfsamen schmecken nussig dazu und liefern wertvolle Omega-3- und Omega-6-Fettsäuren.

115

Rote Bete

Die Rote Rübe *(Beta vulgaris)* ist seit Jahrhunderten bekannt als Bestandteil des norddeutschen Labskaus, einer deftigen Seemannsmahlzeit mit Fisch, oder als färbende Grundzutat in dem russischen Borschtsch. Geschmacklich gibt es ein Mögen oder nicht, der Eigengeschmack der Roten Rande, wie sie auch genannt wird, ist sehr spezifisch. Doch in den letzten Jahren haben die kugeligen festen Knollen eine längst fällige Renaissance in der Küche erfahren. Ob als kreativ geadeltes Carpaccio, als Multitalent in Currytöpfen oder als Rohkost in der veganen Szene. Die Blätter können für die Zubereitung von Salat und Smoothie verwendet werden.

AUSSEHEN Je nach Sorte können die Formen von rund bis plattrund, von birnenförmig bis zylindrisch bei einem Durchmesser von 3 bis 12 Zentimetern sein. Im Handel sind sie aus dem heimischen Freiland von Anfang September bis Ende November. Ganzjährig gibt es sie als Importware, beispielsweise aus Holland und Belgien. Beim Kauf frischer Roter Bete sollten saftige Stiele und sattgrüne Blätter mit dabei sein, denn diese schützen auch die Knollen vor dem »Ausbluten«.

INHALTSSTOFFE Die etwas erdig schmeckende Rübenart ist prall gefüllt mit gesunden Ingredienzien wie Kalzium, Kalium, Magnesium, Vitaminen der B-Gruppe, Vitamin C und Folsäure. Der stark färbende Pflanzensaft fördert die Verdauung und hilft, Infektionen zu verhüten. Speziell bei Eisenmangel oder bei Frauen mit Menstruationsbeschwerden wird der Verzehr von Roter Bete oder daraus hergestelltem Saft empfohlen.

VERWENDUNG Vor der Zubereitung die Knollen im Ganzen unter fließendem Wasser waschen, aber dabei die Schale nicht verletzen, ansonsten würden sie beim Kochen ausbluten. Zum Würzen eignen sich frische Kräuter, Meerrettich, Kümmel, Nelken, Kardamom und Ingwer. In früheren Zeiten wurde die Rote Bete einfach gekocht und sauer eingelegt. Doch heutzutage verhalf der kreative Ideenreichtum einiger Köche, die Rote Bete auch in das Feinschmeckerlicht zu rücken: Rote Bete als Chips frittiert oder im Backofen getrocknet, in Folie verpackt und wie Ofenkartoffeln gebacken, püriert zu würzigen Suppen oder roh geraspelt und vermischt mit Nüssen und anderen Gemüsearten.

Rote Bete mit **Leinsamenquark**

1 Rote Beten in Scheiben schneiden und fächerförmig auf zwei Teller auslegen.

2 Die Frühlingszwiebeln putzen und fein würfeln. Zusammen mit Petersilie, Quark und Joghurt verrühren. Mit Salz und Pfeffer würzen.

3 Die Roten Beten löffelweise mit dem gewürzten Quark überziehen. Mit Leinsamen bestreuen.

TIPP Dazu saftiges Walnussbrot oder Pumpernickel reichen.

INFO Gekochte Rote Beten gibt es eingeschweißt in Folie in den Gemüseabteilungen gut sortierter Lebensmittelmärkte zu kaufen.

FÜR 2 PORTIONEN

250 g gekochte Rote Beten
2 Frühlingszwiebeln
1 EL frisch gehackte Petersilie
200 g Quark (40 % Fett)
150 g Naturjoghurt
Salz
schwarzer Pfeffer aus der Mühle
2 EL ganzer oder geschroteter Leinsamen

ZUBEREITUNGSZEIT: 15 Min.

Rote Bete als Rohkost

1 Die Rote Bete waschen und schälen, dabei am besten mit Einweghandschuhen arbeiten, denn der Saft der roten Knollen färbt Haut und Kleidung. Rote Bete auf einem Küchenhobel in eine Schüssel fein raspeln.

2 Die Möhre waschen, putzen und schälen. Apfel und Birne waschen, schälen und das Kerngehäuse entfernen. Alle drei Zutaten ebenfalls fein raspeln und zu der Roten Bete in die Schüssel geben.

3 Für das Dressing Walnussöl und Zitronensaft vermengen und mit Meersalz und Pfeffer würzen. Das Dressing über die geraspelte Rohkost geben und gut untermischen.

TIPP Die Rohkost zusätzlich mit frisch gehackter Petersilie und Walnüssen bestreuen.

FÜR 2 PORTIONEN

1 frische Knolle Rote Bete
1 Möhre
1 Apfel (z. B. Boskop)
1 Birne (z. B. Abate)
2 EL Walnussöl
Saft von ½ Bio-Zitrone
Meersalz
schwarzer Pfeffer aus der Mühle

ZUBEREITUNGSZEIT: 20 Min.

Sanddorn

Die leuchtend orange kleine Beere *(Hippophae rhamnoides)* wächst an stacheligen verdornten Sträuchern, die bis zu 6 Meter hoch werden können. Bevorzugte Standorte sind Sand- und Kalkböden, vielfach an Küstengebieten, und durchaus in Höhen von bis zu 1800 Meter. Die sehr säuerlich schmeckenden Beeren wachsen in Deutschland überwiegend im Norden an der Küste und werden daher auch als Zitrone des Nordens bezeichnet. Doch auch in Brandenburg gibt es ein großes Anbaugebiet von Sanddorn. Der Name Sanddorn bezieht sich auf die Dornen, die an den rotbraunen Ästen wachsen und auf den meist sandigen Standort. Der hohe Vitamin-C-Gehalt der Beeren des Sanddorns ist frappant.

AUSSEHEN Geerntet bzw. »gemolken« werden die leicht eiförmig leuchtend orangefarbenen Beeren zwischen August und Dezember. »Melken« heißt, die Beeren können nicht einzeln gepflückt werden, sondern müssen mit festen Handschuhen ob der Dornen fest abgestreift werden.

INHALTSSTOFFE Im Vergleich zu Zitronen kann Sanddorn, je nach Sorte, bis zu zehnmal mehr Vitamin C vorweisen. Zusätzlich für Veganer interessant ist, dass Sanddorn zu den wenigen Pflanzen gehört, die Vitamin B12 vorweisen, welches im Normalfall nur in tierischen Lebensmitteln vorkommt. Des Weiteren enthalten Sanddornbeeren viel Vitamin E und Beta-Carotin. An Mineralstoffen lassen sich Magnesium, Eisen und Kalzium aufzählen. Schon Hildegard von Bingen schätzte Sanddorn.

VERWENDUNG Frische Beeren des Sanddornstrauches gelangen selten in den Verkauf. Zum einen sind die Früchte nur kurz haltbar, zum anderen schmecken sie so säuerlich, dass sie als Saft direkt gepresst oder weiterverarbeitet werden. Empfehlenswert ist der Kauf von tiefgekühltem Sanddorn, von dem portionsweise die Vitamin-Dosis im Smoothie oder gepressten Saft erfolgen kann. Beim Kauf von Sanddorn-Getränken genau auf die Zutaten achten, denn den säuerlichen Beeren wird oftmals viel Zucker beigemischt. Am besten 100-prozentigen Direktsaft kaufen, der nach dem Öffnen gekühlt einige Tage im Kühlschrank hält. Dieser lässt sich gut mischen, ob nun mit Wasser, als Beigabe in den Tee oder auch für eine Salatsauce oder einen Aperitif. Getrocknete Sanddornbeeren, möglichst in Bio-Qualität, sind auch empfehlenswert, sie schmecken gut im Müsli oder als Snack.

Frucht-Smoothie mit Sanddorn

1 Die Birne waschen, nicht schälen, entkernen und klein schneiden. Banane schälen und in Scheiben schneiden.

2 Birnenstücke, Bananenscheiben, Sanddornsaft und Eiswürfel in einen Standmixer geben. Etwa 100 Milliliter Wasser und Ahornsirup dazufügen.

3 Den Mixer langsam starten und dann bei Höchststufe alles cremig pürieren. Smoothie sofort genießen.

TIPP Der Smoothie wird noch cremiger, wenn die Fruchtstücke zuvor angefroren werden.

FÜR 2 GLÄSER

1 aromatische Birne
1 reife Banane
150 ml Sanddorn-Direktsaft
3–4 Eiswürfel
½ TL Ahornsirup

ZUBEREITUNGSZEIT: 5 Min.

Rucola mit Croûtons und Sanddorn-Dressing

1 Das Weißbrot in kleine Würfel schneiden. Olivenöl in einer Pfanne erhitzen und die Brotwürfel darin anrösten. Mit Salz und Pfeffer würzen. Die Pfanne beiseite ziehen.

2 Den Rucola verlesen, waschen und nach Belieben etwas kleiner schneiden. Die Tomaten waschen und halbieren oder vierteln.

3 Die Sanddornbeeren fein hacken und zusammen mit Honig und Walnussöl verrühren. Mit Salz und Pfeffer würzen.

4 Das Dressing mit den Salatzutaten locker vermengen. Auf Tellern anrichten und mit Croûtons bestreuen.

TIPP Das Dressing in einem Standmixer kräftig mixen und pürieren, dazu noch 1 bis 2 Esslöffel Wasser beimischen.

FÜR 2 PORTIONEN

etwa 250 g Weißbrot vom Vortag (z. B. Ciabatta)
2 EL Olivenöl
Salz
schwarzer Pfeffer aus der Mühle
150 g Rucola
100 g Cocktailtomaten
2 EL getrocknete Sanddornbeeren
1 TL Honig
2 EL Walnussöl

ZUBEREITUNGSZEIT: 15 Min.

Spinat

Die kultivierte Gemüsepflanze Spinat *(Spinacia)* wird weltweit angebaut. Wegen seines Gehalts an wertvollen Inhalts- sowie Wirkstoffen gilt dem Spinat auch als Heilpflanze Anerkennung. So kann beispielsweise Spinat bei Blähungen helfen, verdauungsanregend und entwässernd wirken. Vorzugsweise pflückfrischen Spinat aus Bio-Anbau, wo Spinat meist in Kombination mit Wildkräutern angebaut wird, verwenden. Im Frühjahr wird Winterspinat mit krausen kräftigen Blättern und im Frühsommer zarter Sommerspinat angeboten. Spinat lässt sich vielfältig zubereiten und verträgt immer eine gute Würzung. Nur aufwärmen sollte man ihn nicht. Als Smoothiegrundlage hat er bekannterweise weltweit Furore gemacht.

AUSSEHEN Weltweit gibt es etwa 50 Spinatsorten. Die einjährige krautige Pflanze kann bis zu 1 Meter hoch werden, aber das meist im Wildwuchs. Aus kultiviertem Anbau kann man wählen, ob es Wurzelspinat – die ganze Pflanze mit Wurzel – oder Blattspinat – Blätter mit Stiel – sein soll.

INHALTSSTOFFE Auch wenn man jetzt weiß, dass Spinat doch nicht so viel Eisen enthält, wie irrtümlicherweise durch ein falsch gesetztes Komma in Umlauf gebracht, so bietet dieses Gemüse doch in 100 Gramm etwa 3 Milligramm Eisen und gehört demnach noch immer zu den Favoriten. Auch in puncto Abnehmen wirkt Spinat wie sättigender Füllstoff, der pro 100 Gramm gerade mal 15 Kilokalorien und zudem viele Vitamine und Mineralien zu bieten hat: Vitamin A und C, Folsäure, Kalium, Kalzium, Magnesium.

VERWENDUNG Mit seiner kräftigen grünen Farbe ist Spinat ein beliebtes Gemüse für die Zubereitung von Smoothies. Dazu wird er vor allem roh verwendet, was grundsätzlich der Frische und der Erhaltung der Vitamine entgegenkommt. Feinschmecker ziehen allerdings den kurz blanchierten Spinat vor. Durch diesen Kochvorgang wird der etwas leicht metallische Geschmack gemildert und zudem bleibt ein Großteil des wasserlöslichen Nitrats – aber auch ein Teil wichtiger Inhaltsstoffe – im Kochwasser. Empfehlenswert ist der Kauf von pflückfrischem jungem Spinat, der, blanchiert und mit kaltem Wasser abgeschreckt, gut abgetropft in Portionen eingefroren wird. Davon können »kleine Nuggets« im Smoothie gemixt oder zum Backen und Kochen verwendet werden. Frischer Spinat ist nur kurzfristig knackig, also lieber auf erntefrisch eingefrorene Tiefkühlware zurückgreifen.

Spinat-Smoothie mit Birnen

1 Den Spinat verlesen, waschen, trockenschütteln und nach Bedarf etwas kleiner schneiden. Die Birnen waschen, vierteln, entkernen und in grobe Stücke schneiden. Die Banane schälen und kleiner schneiden.

2 Den Spinat und das Obst mit Orangensaft, Mandelmus und etwa 200 Milliliter Wasser in einen Mixer geben. Kräftig aufmixen und fein pürieren. Sofort genießen.

FÜR 2 GLÄSER

100 g frischer Babyspinat
2 süße Birnen
1 Banane
Saft von ½ Bio-Orange
1 EL Mandelmus (Reformhaus)
ZUBEREITUNGSZEIT: 10 Min.

Spinat mit Chili-Joghurt und Walnüssen

1 Den Spinat verlesen, waschen und in kochendes Salzwasser geben. Sobald das Wasser wieder aufwallt, den Spinat in ein Sieb gießen und mit kaltem Wasser abschrecken. Mit den Händen kräftig ausdrücken.

2 Frühlingszwiebeln putzen und fein würfeln. Nüsse fein hacken. Joghurt mit den Gewürzen abschmecken.

3 Den Spinat in acht Portionen teilen. Jede Portion nochmals fest ausdrücken und zu Bällchen formen. Diese auf einen Teller geben und mit Chili-Joghurt löffelweise überziehen. Mit Frühlingszwiebeln und Walnüssen bestreuen.

FÜR 2 PORTIONEN

500 g frischer Spinat
Salz
2 Frühlingszwiebeln
50 g Walnusshälften
150 g Naturjoghurt
schwarzer Pfeffer aus der Mühle
1 kräftige Prise Chilipulver
1 Prise Kreuzkümmel
1 Prise gemahlener Koriander
ZUBEREITUNGSZEIT: 30 Min.

TIPP Dazu schmeckt ofenfrisches Baguette.

INFO Gewürze sind wahre Schätze der Naturheilkunde. Chili wirkt desinfizierend, schmerzlindernd und appetitanregend. Kreuzkümmel wirkt beruhigend und hilft bei Blähungen, Koriander wirkt beruhigend. Gewürze fördern die Verdauung, indem sie die Sekretion von Verdauungssäften in Mund, Magen und Darm verstärken.

Pfifferlingsalat mit Blaubeeren

FÜR 2 PORTIONEN

50 g magerer Räucherspeck
300 g frische Pfifferlinge
1 kleine Zwiebel
1 TL Butter
Salz
schwarzer Pfeffer aus der Mühle
1 EL frisch gehackte Petersilie
150 g pflückfrischer Babyspinat
150 g Blaubeeren
3 EL Walnussöl
2 EL Weißweinessig

ZUBEREITUNGSZEIT: 30 Min.

1 Den Speck klein würfeln. Die Pfifferlinge putzen, je nach Größe kleiner schneiden, waschen und mit Küchenpapier abtrocknen. Die Zwiebel abziehen und fein würfeln.

2 Butter in einer Pfanne heiß schäumend erhitzen und darin Zwiebel- und Speckwürfel andünsten. Pfifferlinge einstreuen und so lange braten, bis die Pilzflüssigkeit aufgesogen ist. Mit Salz und Pfeffer würzen. Die Petersilie unterziehen und die Pfanne beiseite ziehen.

3 Den Babyspinat waschen und in einem Sieb abtropfen lassen. Die Blaubeeren waschen und mit Küchenpapier trocknen. Walnussöl und Weißweinessig verrühren und mit Salz und Pfeffer würzen.

4 Spinat und Blaubeeren mit der Marinade locker vermengen und in zwei Schälchen anrichten. Die Speck-Pfifferlinge löffelweise darauf setzen.

TIPP Dazu schmeckt Walnussbrot oder Baguette.

Smoothoperator-**Chili-Avocado**

FÜR 2 SMOOTHIES

100 g junge Spinatblätter
100 g Salatgurke
1 kleine reife Avocado
1 TL Ahornsirup
1 kräftige Prise gemahlener Chili

ZUBEREITUNGSZEIT: 10 Min.

1 Den Spinat waschen und abtropfen lassen. Die Salatgurke schälen und klein schneiden. Die Avocado halbieren, den Kern entfernen und das Fruchtfleisch mit einem Löffel aus der Schale herausnehmen.

2 Spinat, Gurke und Avocado in einen Standmixer geben. Mit Ahornsirup und Chilipulver würzen.

3 200 Millilter Wasser dazugießen. Langsam starten, dann alle Zutaten kräftig aufmixen und cremig pürieren. Smoothie sofort genießen.

Heimische
Superfoods

Austauschtabelle Superfoods

Internationale oder regionale Superfood-Helden?
Hier eine Auswahl von Lebensmitteln, die mit gleichen Vitalstoffen punkten·können.

EXOTISCHE		HEIMISCHE
Amaranth	Magnesium	Hafer
Kakao	Magnesium	Sonnenblumenkerne
Chiasamen	Omega-3-Fettsäuren	Leinsamen
Matcha	Blutdrucksenkend	Lavendel- und Kamillentee
Quinoa	wertvolles Eiweiß	Buchweizen
Açaíbeeren	Magnesium	Heidelbeeren/Sauerkirschen
Moringa	Folsäure	Grünkohl
Gojibeeren	Vitamin C	Brombeeren/Johannisbeeren
Weizengras	Chlorophyll	Spinat/Brokkoli

Jahreszeitenkalender

Hier eine Auswahl von heimischen erntefrischen Superfoods nach Jahreszeiten.

FRÜHLING	SOMMER	HERBST	WINTER
Kopfsalat, Löwenzahn, Möhren, Radieschen, Rhabarber, Sellerie, Spinat	Aprikosen, Blaubeeren, Brombeeren, Erdbeeren, Himbeeren, Holunderbeeren, Johannisbeeren, Kirschen, Kohlrabi, Nektarinen, Pfirsiche, Stachelbeeren, Wassermelone	Äpfel, Aroniabeeren, Birnen, Kürbis, Paprikaschoten, Pflaumen, Radicchio, Rote Bete, Sellerie, Weintrauben	Feldsalat, Kohlsorten, Mangold, Möhren, Sanddornbeeren

Einkaufsquellen **&** nützliche **Adressen**

Die meisten Superfoods sind problemlos in Biomärkten, Drogerien, Naturkostgeschäften, Health-Shops, gut sortierten Lebensmittel-abteilungen oder in Vegan-Supermärkten er-hältlich. Bei speziellen Lebensmitteln kann die Bestellung über Internet problemfreier sein, siehe dazu die Links.

Zusätzlich folgen hier Adressen, die über pflanzliche Ernährung im Allgemeinen sowie über die Wirkung von Superfoods informieren:

www.lifefood24.de

www.naturteil.de

www.naturprodukte-blum.de

www.pureplanet.de

www.pureraw.de/food/superfoods.html

www.rapunzel.de

www.rohspirit.de

www.superfoodforyou.de

www.superfoods-blog.de

www.terraelements.de

www.topfruits.de

www.veganz.de

www.vitalundfitmit100.de/superfoods

www.vebu.de

www.zentrum-der-gesundheit.de

Ein Laden mit Superfoods zum Selbermischen:

https://www.mymuesli.com/detox

Zwei Deli-Restaurants mit Thema Superfood:

http://www.daluma.de

http://www.goodies-berlin.de/kategorie/superfood/

Der Verlag weist ausdrücklich darauf hin, dass bei Links im Buch zum Zeitpunkt der Linksetzung keine illegalen Inhalte auf den verlinkten Seiten erkennbar waren. Auf die aktuelle und zukünftige Gestaltung, die Inhalte oder die Urheberschaft der verlinkten Seiten hat der Verlag keinerlei Einfluss. Deshalb distanziert sich der Verlag hiermit ausdrücklich von allen Inhalten der verlinkten Seiten, die nach der Linksetzung verändert wurden, und übernimmt für diese keine Haftung.

Bücher von Rose Marie Donhauser, in denen Superfoods für die Zubereitung von Smoothies und Grünen Smoothies verwendet werden:

»Power Smoothies«, Südwest Verlag

»Grüne Smoothies«, Südwest Verlag

»Abnehm-Smoothies«, Südwest Verlag

Rezeptregister

Zutatenregister

Impressum

Redaktionsleitung Silke Kirsch

Projektleitung Eva Wagner

**Layout, DTP, Gesamtproducing
Grafikdesign** Hansen – Jan-Dirk Hansen

Umschlaggestaltung Oh, Ja!
(www.oh-ja.com)

Redaktion Dr. Ute Paul-Prößler

Bildredaktion Anka Hartenstein

Korrektorat Susanne Langer

Reproduktion Mohn Media

Druck und Verarbeitung
Neografia, Martin

Printed in Slovakia

MIX
Papier aus verantwortungsvollen Quellen
FSC
www.fsc.org
FSC® C020353

**Verlagsgruppe Random House
FSC® N001967**

ISBN 978-3-517-09489-2

1. Auflage 2017

Hinweis

Die Ratschläge/Informationen in diesem Buch sind von Autor und Verlag sorgfältig erwogen und geprüft. Dennoch kann eine Garantie nicht übernommen werden. Eine Haftung des Autors bzw. des Verlags und seiner Beauftragten für Personen-, Sach- und Vermögensschäden ist ausgeschlossen.

Bildnachweis

Covermotiv und Foodfotos: Sandra Eckhardt, München

Foodstyling: Michael Koch

Fotos Innenteil: 123RF: 28/29 (FoodCollection), 29 (FoodCollection); Barbara Miller, privat: 16/17; fotolia: 7 (Quanthem), 20-22 (Luis Echeverri Urrea), 36/37 (viktoriya89), 43 (HandmadePictures), 54/55, 57 (oksix), 68 (Sergiogen), 69 (Ildi), 76/77 (Angela Rohde), 91-93 (chamillew); istock: 4-10, 12-15 (baibaz), 11 (SherSor), 17 (Warchi), 18/19 (baibaz), 21 (TinaFields), 24-26 (Fudio), 30-32 (Tatiana Volgutova), 31 (juefraphoto), 35 (marekuliasz), 37 (al62), 38-40 (StephanieFrey), 42 (Alasdair Thomson), 45 (stevenrwilson), 48 (Brasil2), 50-52 (HandmadePictures), 51 (egal), 59 (Lamaip), 78, 82 (Anna Quaglia), 79 (Marilyn Haddrill), 80, 83 (marekuliasz), 81 (Photoraidz), 89 (bhofack2), 90 (Kesu01), 96/97, 99 (AlexPro9500), 102/103 (nata_vkusidey), 106-110 (juicybits), 107 (DNY59), 112/113 (Strevell), 113 (Elena Elisseeva), 114/115 (Jasmina81), 116/117 (foodandwinephotography); Maike Jessen: 15; shutterstock: 9 (Westend61), 44/45, 47 (HandmadePictures), 60-62 (Yai), 64-67 (maxstockphoto), 70/71 (Massimiliano Marino), 84-86 (mmkarabella), 88/89 (ARCANGELO), 100/101 (Oleksandra Naumenko), 118/119 (ra3rn), 120-122 (Kuttelvaserova); thinkstockphotos: 2/3, 124-128 (StephanieFrey), 34 (ziprashantzi), 49 (HandmadePictures), 58 (izhairguns), 72-74 (vainillaychile), 94/95 (Metkalova), 104/105 (AlexPro9500)